Sekundarstufe II

Biosphäre

Lösungen

Zellbiologie und Stoffwechsel

Cornelsen

Biosphäre

Sekundarstufe II, Zellbiologie und Stoffwechsel
Lösungen

Autorinnen und Autoren:
Joachim Becker, Dormagen; Friederike Breede, Dormagen; Birgit Krämer, Leverkusen; Prof. Dr. Anke Meisert, Hannover; Delia Nixdorf, Velbert; Marja Cristina Paasch, Kiel; Martin Post, Arnsberg

Teile dieses Buches sind anderen Ausgaben der Lehrwerksreihe Biosphäre entnommen.

Autorinnen und Autoren dieser Werke sind:
Anke Brennecke, Langerwehe; Prof. Dr. Jorge Groß, Bamberg; Prof. Dr. Hansjörg Küster, Hannover; Raimund Leibold, Nittel; Dr. Karl-Wilhelm Leienbach, Münster; André Linnert, Siegen; Martin Post, Arnsberg; Dr. Annette Schuck, Freiburg

Redaktion:
Dr. Ilka Noß, Judith Bartels, Janina Moll

Designberatung:
Katharina Wolff-Steininger, Ellen Meister

Layout und technische Umsetzung:
zweiband media, Berlin

Umschlaggestaltung:
SOFAROBOTNIK GbR, Augsburg & München

Titelbild:
Lichtmikroskopische Aufnahme (Differenzialinterferenzkontrast) der einzelligen Süßwasseralge *Pleurotaenium ovatum* bei der Teilung. Science Photo Library/ROGELIO MORENO

www.cornelsen.de

1. Auflage, 2. Druck 2020

Alle Drucke dieser Auflage sind inhaltlich unverändert und können im Unterricht nebeneinander verwendet werden.

Druck: H. Heenemann, Berlin

ISBN 978-3-06-010429-1

PEFC
PEFC/04-31-1156

PEFC zertifiziert
Dieses Produkt stammt aus nachhaltig bewirtschafteten Wäldern und kontrollierten Quellen.

www.pefc.de

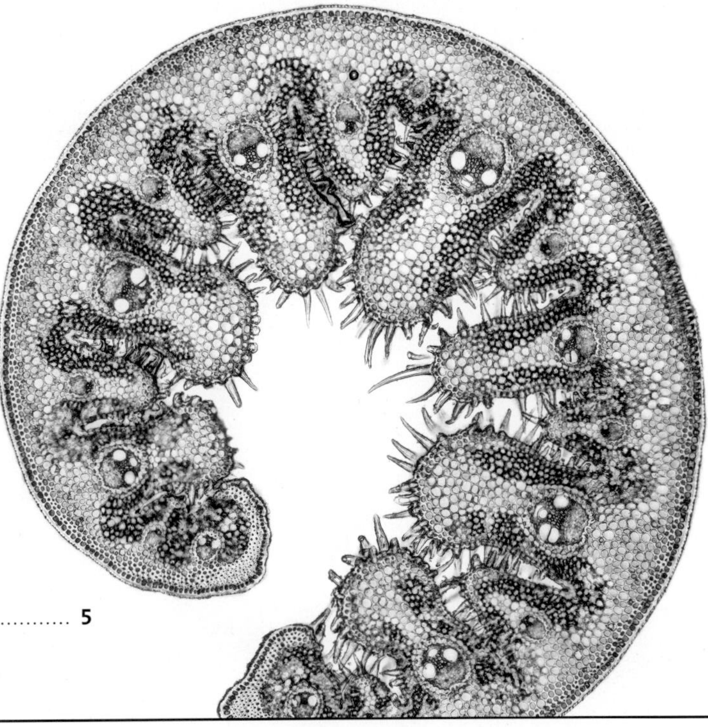

Zelluläre Organisation der Lebewesen 5

Stoffwechsel und Energie 41

Zelluläre Organisation der Lebewesen

Vom Mikroskopieren zur Zellbiologie

Seite 6–7

1 Erläutern Sie die Bedeutung der Mikroskopie bei der Entstehung der Zellbiologie!
Der Physiker Robert HOOKE (1635–1703) benutzte für die Tests seiner Mikroskope verschiedene Objekte, unter anderem dünn geschnittene Scheiben vom Korken einer Flasche. Dabei entdeckte er eine regelmäßige Struktur, die er mit kleinen Kammern (lateinisch *cellulae*) verglich. Er nannte nicht nur die toten Zellen des Korks, sondern auch ähnliche Kämmerchen in dünn geschnittenen Präparaten von Farnen und vom Sonnentau *cellulae*. Der Name Zelle war entstanden. Unter einer Zelle wurde von HOOKE allerdings nicht das verstanden, was wir heute darunter verstehen. Er betrachtete die Zellen als Bestandteile eines Grundgewebes. Um die Jahrhundertwende zum 19ten Jahrhundert gab es in der Botanik eine Zellenlehre, innerhalb derer man nach dem mikroskopischen Aufbau der verschiedensten Pflanzen und dabei nach dem Aufbau aus Zellen suchte. Die Zelle wurde aber noch nicht als Funktionseinheit betrachtet. Erst nach Entdeckung des Zellkerns kam der Botaniker SCHLEIDEN auf die Idee, dass ein Teil der Zelle, nämlich der Zellkern, etwas mit der Entstehung der Zelle zu tun haben könnte. Der Mediziner SCHWANN übertrug diese Idee auch auf tierische Zellen und verallgemeinerte, dass die Bildung von Organen auf der Bildung von Zellen beruhe. Er formulierte damit die Zellentheorie. Der Mediziner SCHULTZE formulierte mit Bezug auf mikroskopische Erkenntnisse im Jahre 1861 eine Definition einer Zelle als Zellkern, der von Protoplasma umgeben ist. Moderne Mikroskope lieferten genauere Bilder von Zellen und wurden dazu genutzt, in allen Lebewesen Zellen zu beobachten, sodass letztlich mithilfe dieser Beobachtungen die Zelltheorie formuliert werden konnte.

1 Struktur und Funktion von Zellen

Zellulärer Bau der Lebewesen

Seite 10–12

1 Fassen Sie die Erkenntnisse zur Atmung und zum Sauerstofftransport zusammen, die mithilfe mikroskopischer Untersuchungen erlangt wurden!
Beim Ein- und Ausatmen sind Muskelzellen tätig. Die Steuerung der Muskeln erfolgt über Nervenzellen, die vom Gehirn ausgehen. Die Muskelzellen bewirken indirekt das Weiten und Verengen der Lunge, sodass Luft in sie einströmt oder aus ihr heraus. Die Luft gelangt an den Epithelzellen der Bronchien vorbei. Sollte sie Fremdkörper enthalten, können diese mithilfe des Schleims, der von den Schleimzellen gebildet wird und mithilfe der Flimmerhärchen der Epithelzellen wieder aus der Lunge heraus befördert werden. Der in der eingeatmeten Luft enthaltene Sauerstoff gelangt ins Blut und lagert sich dort in die roten Blutkörperchen ein. Diese transportieren Sauerstoff zu allen Zellen im Körper. Die roten Blutkörperchen schwimmen dabei im Blut, das durch die Pumpe Herz in Bewegung gebracht wird. Beim Pumpen arbeiten die Herzmuskelzellen.
Es sind also mehrere verschiedene Zelltypen und viele verschiedene Zellen, die an der Atmung sowie dem Sauerstofftransport und somit am Funktionieren des gesamten Körpers beteiligt.

Zusatzinformation: Die im Text explizit genannten Zellen, die zur Atmung und zum Sauerstofftransport passen, sind Epithelzellen mit Flimmerhärchen, Schleimzellen und rote Blutkörperchen. Darüber hinaus sind die Körperzellen als Ziel des Transports ausgewiesen. Außerdem ist aus der Sekundarstufe I bekannt, dass man zum Atmen Muskeln benötigt, demnach sind auch Muskelzellen bei der Atmung beteiligt. Wahrscheinlich ist auch bekannt, dass die Atmung unwillentlich vom Gehirn gesteuert wird. Nervenzellen spielen also im genannten Zusammenhang ebenfalls eine Rolle. Beim Transport des Blutes und damit für den Sauerstofftransport arbeitet das Herz als Pumpe. Seine Muskelzellen ziehen sich dabei zusammen. Auch diese Zellen müssen zur geforderten Erläuterung herangezogen werden.

2 Erläutern Sie anhand von zwei Beispielen die Begriffe Gewebe, Organ und Organismus!
Gleiche Zellen bilden ein Gewebe, mehrere Gewebe ein Organ und mehrere Organe den Organismus.
Ein Mensch ist ein Organismus. Er besteht aus mehreren Organen, unter anderem aus Lunge, Herz, Leber, Niere und Gehirn, wie man in Abbildung 03 auf Seite 11 sehen kann. Diese Organe sind aus Zellen aufgebaut. Einige davon sind jeweils gleich und zu Geweben zusammengefasst. Zum Beispiel ist im Muskel Muskelgewebe vorhanden, in der Lunge ein Epithelgewebe.

Das Laubblatt einer Samenpflanze ist ein Organ. In ihm gibt es im Text und in der Abbildung 06 auf der Seite 12 vier erwähnte Gewebe: Das primäre Abschlussgewebe, die Epidermis, sowie das Palisadengewebe, das Schwammgewebe und im Blattstiel das Leitgewebe mit den Leitungsbahnen. An diesem Beispiel wird deutlich, dass ein Organ aus mehreren Geweben bestehen kann. Mit den beiden anderen Hauptorganen Spross und Wurzel ist das Organ Laubblatt Teil des Organismus Samenpflanze.

Seite 13 (Material)

Material A – Stärkenachweis in speziellen Zellen

A1 Erläutern Sie die Besonderheit der Zellen in der Kartoffelknolle! Gehen Sie dabei darauf ein, wie diese Zellen zur Gesamtfunktion der Kartoffelpflanze beitragen!
Die Zellen der Kartoffelknolle enthalten viel Stärke. Stärke ist ein Kohlenhydrat. Sie ist für viele Lebewesen ein energiereicher Nährstoff und kann damit zur Bereitstellung von Energie eingesetzt werden.
Die Besonderheit der Zellen in der Kartoffelknolle ist es, einen energiereichen Stoff zu speichern. Dieser energiereiche Stoff wurde in anderen Zellen bei der Fotosynthese gebildet. Für die unmittelbare Lebensfunktion zu viel gebildete Stoffe können gespeichert werden. Die Stärke in den Zellen der Kartoffelknolle wird zum Beispiel dann zur Energiebereitstellung für eine Kartoffelpflanze genutzt, wenn aus einer einzelnen Knolle eine neue Kartoffelpflanze wächst.
Zusatzinformation: Das erwartete Wissen aus der Sekundarstufe I kann bei Bedarf durch einen Informationstext bereitgestellt werden.

A2 Beschreiben Sie den bekannten Stärkenachweis mit Iod-Kaliumiodid-Lösung!
Iod-haltige Lösung, genauer Iod-Kaliumiodid-Lösung, ist braun gefärbt. Wenn man sie zu einem Stoff oder Stoffgemisch gibt, der aus Stärke besteht beziehungsweise das Stärke enthält, färbt sich jene Probe beziehungsweise Lösung je nach Verdünnung der Iod-Kaliumiodid-Lösung hellblau bis schwarz-blau. Die blaue Farbreaktion tritt nur ein, wenn in der Probe Stärke vorhanden ist. Sie ist somit ein spezifisches Ergebnis der Reaktion der Iod-Lösung mit Stärke. Falls keine Stärke in der Probe vorhanden ist, bleibt die braune Farbe der Iod-Lösung bestehen.
Es ist beim Stärkenachweis darauf zu achten, dass die Eigenfärbung der zu untersuchenden Proben nicht die braune oder blaue Farbe der Iod-Lösung überdeckt. ansonsten kann der Stärkenachweis nicht durchgeführt werden.
Zusatzinformation: Aus Erfahrung ist die Iod-Stärke-Reaktion häufig in der SI behandelt worden und wurde deshalb für dieses Aufgabe ausgewählt.

A3 Begründen Sie, wie die Stärkekörner beim Stärkenachweis vermutlich aussehen!
Die Stärkekörner selbst sind farblos, sodass sie keine Eigenfarbe haben, die die Blaufärbung überdeckt. Da der Stärkenachweis spezifisch ist, wird die Stärke in den Stärkekörnern bei der Reaktion mit der Iod-Lösung blau werden. Anders als bei der makroskopischen Sicht, gibt es keine einheitliche Färbung, sondern es sind lediglich die Stärkekörner gefärbt.

Material B – Nervenzellen

B1 Beschreiben Sie den Bau der Nervenzellen!
Allen abgebildeten Nervenzellen ist gemeinsam, dass in einem zentralen Bereich des Zellplasmas ein Zellkern mit Kernkörperchen vorhanden ist. Außerdem haben alle Nervenzellen zumindest einen Fortsatz, der vom Zellkörper ausgeht und immer dünner wird. Ein Ende der Fortsätze ist nicht genau zu erkennen.

B2 Begründen Sie, dass der Bau dieser Nervenzellen gut dazu geeignet ist, dass Nervenzellen Informationen im Körper verarbeiten und weitergeben!
Die fadenförmigen länglichen Fortsätze der Nervenzellen legen nahe, dass die Nervenzellen mithilfe dieser Fortsätze Kontakt zu anderen Zellen aufnehmen können. Da viele dieser Nervenzellen mehrere Fortsätze haben, spricht dies dafür, dass die Nervenzellen Informationen von mehreren anderen Zellen empfangen und diese dann verarbeiten können. Der lange Fortsatz vom Rückenmark zum Skelettmuskel spricht dafür, dass diese Nervenzellen dem Skelettmuskel Informationen geben, sodass dieser sich verkürzt. Alles zusammengenommen würde dies eine Passung von Bau und Funktion von Nervenzellen bedeuten.

B3 Erläutern Sie, wie die Kenntnis über den Bau und die Funktion dieser motorischen Nervenzellen zum Verständnis des menschlichen Körpers beiträgt!
Zum einen haben Nervenzellen Baueigenschaften, die zur Kommunikation zwischen Zellen passen. Das heißt, dass auch die Kommunikation im Körper zwischen den einzelnen Organen durch die Nervenzellen hergestellt werden kann. Zum anderen wird im Text beschrieben, dass die Zellkerne vieler motorischer Nervenzellen nicht außerhalb des Gehirns oder Rückenmarks anzutreffen sind, die Zellkörper also im zentralen Nervensystem liegen und lange Fortsätze bis zu den Muskeln haben. Durch diese erfolgt die schnelle Kommunikation zwischen dem Gehirn und den Muskeln und demnach ist eine Motorik des menschlichen Körpers gewährleistet.

Mikroskopieren und Dokumentieren

Seite 14–16

1 Beschreiben Sie Möglichkeiten und Schwierigkeiten verschiedener Färbe- und Dokumentationstechniken!

Beim Färben von mikroskopischen Präparaten werden jeweils bestimmte Zellbestandteile deutlich sichtbar. Wenn man eine spezifische Farbreaktion kennt, wie zum Beispiel die Reaktion von Iod-Kaliumiodid mit Stärke, kann man nachweisen, an welcher Stelle in einer Zelle ein bestimmter Stoff vorhanden ist. Dies lässt Schlüsse über die Funktion bestimmter Zellbestandteile zu.

Im Beispiel wird gezeigt, dass die Pyrenoide bei der Alge *Spirogyra* Stärke speichern, die bei der Fotosynthese in den Chloroplasten gebildet worden ist. Eine Färbung mittels Iod-Kalium-Lösung kann allerdings auch Zellbestandteile verändern, wie man an der Verklumpung von Proteinen im Zellplasma der *Spirogyra*-Zelle sehen kann, und zum Zelltod führen. Um die Art und den Grad dieser Veränderung zu kontrollieren, müssen weitere Untersuchungen erfolgen, zum Beispiel mit einem Lebendfarbstoff wie Methylenblau, welcher das Zellplasma nur von toten Zellen anfärbt und im Lichtmikroskop gut sichtbar macht. Somit kann eine Differenzierung zwischen lebenden und toten Zellen vorgenommen werden. Die genannte Ungewissheit über den Einfluss eines Färbemittels benennt die Hauptschwierigkeit beim Färben.

Zum Dokumentieren mikroskopischer Bilder kann man Fotos oder Zeichnungen anfertigen. Fotos zeigen eine Momentaufnahme aller sichtbaren Details. Da das Mikroskop vor allem bei stärkeren Vergrößerungen nur eine geringe Schärfentiefe hat, wird allerdings lediglich eine sehr dünne Ebene einer dreidimensionalen Zelle abgebildet. Außerdem stören bei der Beobachtung die unscharfen Teile des Bildes. Eine wissenschaftliche Zeichnung kann dagegen Bilder aus verschiedenen Einstellungen und Ebenen kombinieren, sodass ein klares Gesamtbild entsteht. Je nach Interesse kann auch lediglich ein Teilaspekt des Präparates gezeichnet werden. Eine Schwierigkeit beim Zeichnen ist, dass man das Zeichnen üben muss.

Zusatzinformation: Mittlerweile gibt es die Möglichkeit, die Schärfentiefe durch das Stapeln mehrerer fotografischer Aufnahmen mit verschiedenen Fokusebenen (Stacking) zu erhöhen. Die fotografischen Aufnahmen werden hierzu mithilfe von speziellen Computerprogrammen im Maßstab automatisch angeglichen. Die jeweils schärfsten Teile der Bilder werden danach überlagert. Auch ein solches Verfahren ist fehleranfällig und verlangt Übung.

Seite 17 (Material)

Material A – Herstellen und Mikroskopieren von einfachen Präparaten

A1 Beschreiben Sie die Präparation des Blattes der Wasserpest und des Fruchtfleisches der Banane!

Zunächst gibt man auf einen Objektträger mithilfe einer Pipette einen kleinen Tropfen Wasser. Dann nimmt man einen Spross der Wasserpest und reißt mit einer spitzen Pinzette ein Blatt ab. Dieses bringt man in den Wassertropfen auf dem Objektträger. Anschließend legt man ein Deckglas auf.

Für das Bananenpräparat nimmt man mithilfe einer Präpariernadel ein wenig vom Fruchtfleisch der Banane ab und verrührt es in einem Wassertropfen auf einem Objektträger. Dann legt man ein Deckglas auf. Dieses wird vorsichtig mit dem oberen Ende der Präpariernadel angedrückt, sodass ein möglichst dünnes Präparat entsteht. Danach gibt man mit einer Pipette Iod-Kaliumiodid-Lösung auf einer Seite neben das Deckglas auf den Objektträger. Auf der gegenüberliegenden Seite saugt man die Flüssigkeit mit einem Filterpapierstreifen unter dem Deckglas hindurch.

A2 Stellen Sie gemäß der abgebildeten Anleitung die Präparate vom Blatt der Wasserpest und vom Fruchtfleisch der Banane her und mikroskopieren Sie diese!

Zusatzinformation: Iod-Lösung darf nicht an die Objektive gelangen. Daher muss kontrolliert werden, dass sich keine Iod-Lösung auf dem Deckglas befindet und das Präparat nicht zu dick ist.

A3 Zeichnen Sie bei stärkster Vergrößerung zwei verschiedene Zellen des Blattes der Wasserpest! Nennen Sie die Strukturen, die Sie besonders beachten wollen!

Zusatzinformation: Nachdem über das Zeichnen Gesagten sollten zumindest die Proportionen und die Anzahl der Chloroplasten beachtet werden.

A4 Suchen Sie bei der Wasserpest Zellen mit Plasmaströmung und dokumentieren Sie diese fotografisch!

Zusatzinformation: Die Kommunikation über mikroskopische Präparate ist mithilfe dieser Dokumentationen auch im Klassenraum gut möglich.

A5 Zeichnen Sie gefärbte und ungefärbte Stärkekörner des Bananenpräparats und vergleichen Sie diese!

Gemeinsam ist den Stärkekörnern in der Regel, dass exzentrische, konzentrische Schichtungen zu erkennen sind. Die Form der Körner variiert. Je nach Beleuchtung sieht man die Form oder die Schichtung im ungefärbten oder gefärbten Bild deutlicher.

Zusatzinformation: Die Präparate müssen mit stärkster Vergrößerung angesehen werden. Daher kann hier das Verstellen der Vergrößerung geübt werden. Eine Präsen-

tation am Lehrermikroskop ist wichtig. Da man Stärkekörner in Zellen und außerhalb von Zellen findet, kann man den Zellbegriff noch einmal erläutern. Bei älteren Bananen sind die Stärkekörner teilweise abgebaut, also nicht mehr so gut zu erkennen.

Material B – Färbung betont Zelleigenschaften – Leitbündel

B1 Beschreiben Sie den Bau verschiedener Zellen! Beachten Sie dabei die Zelldurchmesser, die Dicke der Zellwände und die Färbung der Wände!
Im Stängelquerschnitt des Hahnenfußes sieht man eine äußere Schicht kleiner, nahezu gleich großer Zellen. Sie haben dickere Zellwände als die weiter innen liegenden größeren Zellen. Bei all diesen Zellen sind sowohl die Zellwände als auch meistens das Zellinnere blau gefärbt, falls es nicht leer ist. Im Innenbereich des Stängels, der durch die von außen nach innen tendenziell größer werdenden Zellen ausgefüllt ist, sind vier Bereiche charakteristisch angeordneter und gefärbter Zellen eingebettet. Bei einigen sind die Zellwände rot gefärbt und im Verhältnis zur Zellgröße dick. Die Wände anderer Zellen in diesen Bereichen sind dunkelblau gefärbt. Auch bei ihnen ist nicht immer ein dunkelblau gefärbter Zellinhalt zu erkennen. Sie umgeben einen zentralen Bereich mit Zellen, die einen großen Durchmesser haben.

B2 Deuten Sie das Ergebnis, so weit wie möglich!
Die Astrablaufärbung weist nach, dass in den meisten Zellwänden im Stängel kein Holzstoff enthalten ist, die Safraninfärbung zeigt an, dass in den genannten vier Bereichen jeweils in ähnlicher Anordnung Zellen mit ligninhaltigen Wänden vorhanden sind.
Die äußeren, gleichmäßig großen Zellen mit etwas dickeren Zellwänden bilden eine lückenlose Epidermis und schließen den Stängel nach außen hin ab. Die Leitungsbahnen mit holzstoffhaltigen Zellwänden stabilisieren den Stängel, weil sie relativ dicke Zellwände haben.
Zusatzinformation: Zu den Aufgaben der restlichen Zellen lässt sich noch nicht viel sagen.

Lichtmikroskopisches Bild der Zelle

Seite 18–19

1 Erläutern Sie den Erkenntnisweg von der lichtmikroskopischen Untersuchung von Zellen bis zu einer Schemazeichnung!
Bei der lichtmikroskopischen Untersuchung ist zunächst festzustellen, dass das betrachtete Bild eine geringe Schärfentiefe besitzt, also den dreidimensionalen Aufbau einer Zelle nicht wiedergeben kann. Um sich diesen zu veranschaulichen, kann man Fotos einer Serie von scharf eingestellten Ansichten machen und diese dann in ein dreidimensionales Modell oder auch in eine dreidimensionale Zeichnung überführen.
Die Schemazeichnung fasst die Erkenntnisse zu verschiedenen Beobachtungen zusammen. Hierzu muss man zunächst mehrere Zellen mikroskopieren, die enthaltenen Zellbestandteile identifizieren und vergleichen, welche Bestandteile verschiedene Zellen gemeinsam haben. Dadurch weiß man, welche Bestandteile typischerweise zu einer Zelle gehören. Besondere Eigenschaften und Baumerkmale der Zellbestandteile kann man im Schema berücksichtigen, wie zum Beispiel die grüne Farbe in den Chloroplasten. Da verschiedene Zellen im Detail unterschiedlich aussehen, ordnet man die Zellbestandteile übersichtlich an, damit das Wesentliche, nämlich die Existenz und die besonderen Merkmale deutlich sichtbar werden. Mithilfe des dreidimensionalen Modells gelingt auch eine dreidimensionale Schemazeichnung.

Moderne mikroskopische Verfahren

Seite 20–22

1 Erläutern Sie für die verschiedenen Mikroskopierverfahren die Notwendigkeit der jeweiligen Präparationsmethoden!
Für die Lichtmikroskopie können Lebendpräparate hergestellt werden. Sie müssen entweder durchstrahlt werden können oder bei Bestrahlung mit bestimmtem Laserlicht fluoreszieren.
Werden fixierte Zellen für Lichtmikroskope und Elektronenmikroskope verwendet, müssen Fixiermittel und Färbemittel so beschaffen sein, dass keine Artefakte entstehen. Das heißt, dass der Zustand eines Präparats möglichst exakt dem in der lebenden Zelle zum Zeitpunkt ihres Abtötens entsprechen muss. Für das Lichtmikroskop müssen Fixierungen und Färbungen eine gewisse Haltbarkeit aufweisen, wenn die Präparate über einen längeren Zeitraum aufbewahrt werden sollen. In Elektronenmikroskopen herrscht ein Vakuum. Daher müssen die Präparate stabil fixiert werden, sodass sie das Vakuum aushalten.
Da wegen der geringen Durchdringungstiefe der Elektronenstrahlen im Transmissionselektronenmikroskop, kurz TEM, besonders dünne Schnitte erforderlich sind, müssen die Präparate so fest und stabil sein, dass exakte Schnitte angefertigt werden können. Aufgrund des geringen Kontrasts elektronenmikroskopischer Bilder können Kontrastmittel eingesetzt werden, die die Elektronenstrahlen nicht durchdringen können. Diese Mittel müssen mit vorhersagbaren Reaktionen mit bestimmten Stoffen in der Zelle reagieren, sodass man dann auf das Vorhandensein dieser Stoffe schließen kann.

Die Bruchflächen der Präparate für das Rasterelektronenmikroskop, kurz REM, die nach Gefrierfixierung geschnitten werden, müssen mit Metallatomen bedampft werden. Das erzeugte Bild entsteht dadurch, dass die von diesen Metallatomen reflektierten Elektronenstrahlen detektiert werden.
Zusatzinformation für die Lehrkraft: Für weitere Mikroskopier- und Präparationsverfahren bietet sich hier eine Rechercheaufgabe an.

2 Erläutern Sie die Vorteile der Fluoreszenzmikroskopie!
Mit dem Fluoreszenzmikroskop kann man in einer lebenden Zelle sehen, wo sich Stoffe, die man in der Zelle sucht, gerade befinden. Wenn die Stoffe selbst nicht fluoreszieren, kann man sie mithilfe von Antikörpern mit fluoreszierenden Stoffen verbinden und dann indirekt finden. So kann man sehr viele verschiedene Stoffe in einer Zelle suchen und lokalisieren. Dabei ist es mit einem besonderen Fluoreszenzmikroskop, dem STED-Mikroskop sogar möglich, einzelne Moleküle aufzuspüren. Ein besonderer Vorzug ist, dass man sehr kleine Zellbestandteile in lebenden und nicht in toten Zellen beobachten kann.

Seite 23 (Material)

Material A – Mitochondrien bei verschiedenen mikroskopischen Verfahren

A1 Beschreiben Sie den in den Abbildungen A bis C sichtbaren Bau der Mitochondrien!
Mitochondrien sind mehr oder weniger längliche Zellbestandteile. Im lichtmikroskopischen Bild (Abbildung A) sind keine weiteren Details auszumachen. Sie haben eine äußere Hülle, die im elektronenmikroskopischen Bild (Abbildung B) zu sehen ist. Der innere Bau zeigt hier eine gleichmäßig strukturierte Grundsubstanz, die von mehreren Doppellinien durchzogen wird, welche Kontakt zur Außenhülle des Mitochondriums haben, aber im Innern des Mitochondriums enden. Auch die Hülle des Mitochondriums ist eine Doppellinie. Der Inhalt und die Hülle des Mitochondriums lassen sich mithilfe von Fluoreszenzfarbstoffen markierten Proteinen auch am Fluoreszenzmikroskop beobachten (Abbildung C).

A2 Erläutern Sie die besonderen Beiträge der jeweils eingesetzten mikroskopischen Verfahren zur Kenntnis über den Bau der Mitochondrien!
Das Licht- und das Fluoreszenzmikroskop liefern Bilder von Mitochondrien in lebenden Zellen. Sie können also auch Formveränderungen direkt abbilden. Insbesondere die Teilung und Fusion von Mitochondrien ist bei toten Zellen schwer nachweisbar. Im Fluoreszenzmikroskop kann man bestimmte Stoffe, die den Bau oder den Inhalt eines Mitochondriums betreffen, lokalisieren und damit ihre Beteiligung am Aufbau des Mitochondriums belegen. Im Elektronenmikroskop sieht man viele Details und feine Strukturen, von denen man aber nicht direkt erschließen kann, welche Aufgaben sie haben.

A3 Nennen Sie die wesentlichen Neuerungen, die das STED-Mikroskop auszeichnen!
Das STED-Mikroskop ist ein Fluoreszenzmikroskop, das im Gegensatz zu herkömmlichen Fluoreszenzmikroskopen eine deutlich höhere räumliche Auflösung ermöglicht. Im Gegensatz zum Elektronenmikroskop ist es jedoch auch bei lebenden Zellen anwendbar. Daher lassen sich mithilfe des STED-Mikroskops kleinere Zellbestandteile bis hin zu einzelnen Molekülen lokalisieren.
Die verbesserte räumliche Auflösung wird ermöglicht, indem ein ringförmiger Laser einer anderen Farbe um den zur Aktivierung der fluoreszenten Moleküle genutzten Laser gelegt wird. Dies führt dazu, dass die äußeren fluoreszenten Moleküle ihre Energie anders abgeben als durch fluoreszente Strahlung und nur die Moleküle im Zentrum leuchten.

A4 Begründen Sie am Beispiel der Mitochondrien, dass technischer Fortschritt zwar neue Erkenntnismöglichkeiten liefert, aber alte Techniken dadurch nicht veraltet sind!
Die jüngste Technik ist die STED-Mikroskopie. Sie liefert Informationen über lebende Zellen und die genaue Lage von Molekülen in der lebenden Zelle. Die ältere Elektronenmikroskopie liefert Informationen über den exakten Bau von Feinstrukturen. Erst beide Verfahren zusammen liefern die Information, welche Feinstrukturen in der Zelle welche Moleküle beinhalten.
Das Lichtmikroskop als die älteste Technik liefert das Übersichtsbild in der lebenden Zelle. Im STED-Mikroskop sieht man lediglich das, was fluoresziert oder mit Fluoreszenzfarbstoffen angefärbt ist. Zumindest zur Orientierung in der Zelle sind Lichtmikroskope weiterhin hilfreich. Darüber hinaus bilden sie die echten Farben der Objekte ab. Die Bewegung und die Fusion von Mitochondrien wurden von lichtmikroskopischen Erkenntnissen abgeleitet. Daher können vollständige Informationen über Zellbestandteile, wie die Mitochondrien, lediglich durch die Kombination der unterschiedlichen Verfahren erhalten werden.

Feinbau der Zelle

Seite 24–26

1 Erläutern Sie, wie verschiedene Vorgehensweisen und Techniken dazu beitragen, den Feinbau der Zelle zu erkennen!

Die grundlegende Idee ist die Bilder, die man mit verschiedenen Techniken gewonnen hat, zu vergleichen, um so einander ergänzende Informationen zu erhalten. Die verschiedenen hier verwendeten Techniken sind die Lichtmikroskopie, die Fluoreszenzmikroskopie und die Elektronenmikroskopie, sowie deren Kombination mit entsprechenden Färbemethoden.
Das Durchlichtmikroskop ermöglicht die Untersuchung lebender Objekte und bildet diese in ihren natürlichen Farben ab. Es ist besonders geeignet, um sich eine Übersicht zu verschaffen und die größeren Teile einer Zelle, zum Beispiel den Zellkern oder das Mitochondrium, zu beobachten. Mit geeigneten Färbemethoden lassen sich zusätzlich bestimmte Bereiche anfärben und so nähere Informationen gewinnen, wie beispielsweise Regionen mit Euchromatin oder Heterochromatin.
Das Elektronenmikroskop, bei dem das Präparat statt mit Licht mit Elektronen bestrahlt wird, liefert im Vergleich hierzu wesentlich detailreichere Aufnahmen. Es ermöglicht somit, die Struktur der Zelle und ihrer Elemente deutlich genauere zu untersuchen und zum Beispiel das mit Ribosomen besetzte ER zu erkennen. Es erfordert jedoch die Fixierung der Zellen und funktioniert daher nicht bei lebenden Zellen.
Im Gegensatz zum Elektronenmikroskop kann das Fluoreszenzmikroskop auch bei lebenden Objekten verwendet werden. Um einzelne Stoffe in der Zelle sichtbar zu machen, die nicht von selbst fluoreszieren, können die Moleküle vieler zu untersuchender Stoffe mit fluoreszierenden Molekülen verbunden werden. Auf diese Art können Komponenten unterschiedlicher Strukturen, beispielsweise die Mikrotubuli des Zytoskeletts, gezielt sichtbar gemacht und deren Zusammensetzung und Aufbau weiter aufgeklärt werden.
Durch die Kombination von Bildern verschiedener Ebenen einer Zelle lässt sich schließlich auch ein dreidimensionales Bild gewinnen.
Auf der Basis des Konzepts, dass Strukturen und Funktionen zueinander passen, kann man außerdem Hypothesen erstellen. Eine solche Hypothese ist zum Beispiel, dass die Dictyosomen etwas mit der Sekretbildung zu tun haben, weil sie immer in der Nähe von Vesikeln und Sekretbläschen zu finden sind.
Zusatzinformation: Es ist unter Umständen sinnvoll, den Schülerinnen und Schülern eine Wortliste als Hilfe anzubieten: Techniken, Vergleich nach Kriterien, Kombinieren verschiedener Bilder, Hypothesen zu Struktur und Funktion.

2 Fassen Sie das Wesentliche zum Feinbau der Zelle zusammen!

Zellen sind umgeben und durchzogen von vielen Membranen. Membranen begrenzen Zellbestandteile. Manche Zellbestandteile, zum Beispiel Zellkern, Mitochondrium und Chloroplast, haben doppelte Membranen. Weitere Zellbestandteile sind ER, Dictyosomen, Vesikel, Vakuole, Ribosom und das Zytoskelett. Der Zellkern enthält aktive Erbsubstanz, das Euchromatin, und inaktive, das Heterochromatin. Das ER durchzieht einen großen Teil der Zelle. Dictyosomen finden sich häufig in der Nähe von Vesikeln. Mitochondrien und Chloroplasten sind im Innern durch Membranen stark untergliedert. In beiden Fällen ist dies auf Einstülpungen der inneren Membran zurückzuführen.

Seite 27 (Material)

Material A – Zellkernhülle und Endoplasmatisches Retikulum

A1 Beschreiben Sie den Bau der Hülle um den Zellkern!

Die Hülle um den Zellkern besteht aus zwei Membranen. Dies wird auch in der oberen Abbildung auf Seite 27 deutlich. Durch die beiden Pfeile wird auf Besonderheiten hingewiesen. In der Kernhülle gibt es Lücken. Auf eine davon deutet der kleine Pfeil in der Abbildung. Der Bau der beiden Membranen ist darüber hinaus unterschiedlich. Die innere Kernmembran ist glatt, die äußere trägt denselben körnchenförmigen Besatz wie die Membran des ER, welcher aus Ribosomen besteht. Auf die Membran des ER zeigt der größere Pfeil.

A2 Beschreiben Sie den Bau des endoplasmatischen Retikulums! Nehmen Sie die Abbildungen 03 und 04 auf Seite 25 zu Hilfe!

Das ER durchzieht die Zelle und ist in der Nähe des Zellkerns zisternenförmig und am Rand der Zelle eher fädig. Innen- und Außenseiten der Membranen lassen sich durch den Besatz mit Ribosomen unterscheiden. Diese befinden sich lediglich auf der Außenseite. In den Abbildungen ist außerdem auch der Übergang der äußeren Kernmembran in das ER zu erkennen.

A3 Beschreiben Sie, wie die Hülle um den Zellkern und das endoplasmatische Retikulum zusammenhängen!

Die äußere Membran der Zellkernhülle geht in eine Membran des ER über, ist also direkt damit verbunden. Die innere Membran der Zellkernhülle hat keine direkte Verbindung zu einer ER-Membran. Der Zwischenraum zwischen den beiden Kernmembranen geht in den Zwischenraum des ER über, ist also mit ihm verbunden.

A4 Stellen Sie eine Hypothese darüber auf, inwieweit der Inhalt des Zellkerns an der Bildung von Protein in der Zelle beteiligt ist!

Die Ribosomen sind die Orte, an denen Proteine direkt gebildet werden. Da die innere Membran des Kerns nicht mit Ribosomen besetzt ist, ist es unwahrscheinlich, dass hier

Proteine entstehen. Im elektronenmikroskopischen Bild zur Aufgabe ist der innere Bereich des Zellkerns körnig. Was diese Körner darstellen, ist nicht klar. Diese könnten Teile des Eu- oder Heterochromatins sein, welches den Zellkern ausfüllt, einige könnten aber auch Ribosomen sein. Das bisherige Wissen gibt keine Grundlage zur endgültigen Entscheidung.

Material B – Endoplasmatisches Retikulum, Golgi-Apparat und Vesikel

B1 Beschreiben Sie genau die Lage von ER, Vesikeln und Golgiapparat zueinander!
Im Bild liegt im unteren linken Teil das ER, wie am Besatz der Membran durch Ribosomen zu erkennen ist. Im Zentrum des Bildes finden sich die Dictyosomen des Golgi-Apparates. Sowohl zwischen ER und Golgi-Apparat, als auch im daran anschließenden Zellplasma, sind zahlreiche Vesikel zu finden. Während die Vesikel zwischen ER und Golgi zum großen Teil leer (weiß) erscheinen, sehen die Vesikel im äußeren Bereich der Zelle gefüllt (gräulich) aus und könnten Sekretbläschen darstellen.
Zusatzinformation: Da die verschiedenen Strukturen im Bild für das ungeübte Auge schwer zu erkennen sind, bietet es sich an, soweit möglich, diese im Bild entsprechend zu beschriften.

B2 Stellen Sie eine Hypothese auf, indem Sie die abgebildete Situation als eine Ereignisfolge beschreiben!
Ausgehend von der Folge ER, Vesikel, Dictyosom, Sekretbläschen kann die Vermutung, dass die Dictyosomen an der Sekretbildung beteiligt sind, erweitert werden. Vermutlich kann im ER etwas gebildet werden und über die Vesikel zu den Dictyosomen gelangen, wo schließlich der Sekretstoff entsteht. Da die Ribosomen, die am ER vorkommen, Proteine bilden, könnte der zu transportierende Stoff ein Protein sein.

Zusammenwirken von Zellbestandteilen

Seite 28–30

1 Erläutern Sie am Beispiel der Proteinbildung in Zellen, wie sich Erkenntnisse aus In-vivo- und In-vitro-Experiment ergänzen!
Am Beispiel der Untersuchung der Proteinbildung in den Leberzellen der Ratte zeigt das In-vivo-Experiment, dass die radioaktiven Aminosäuren in einer lebenden Zelle kurz nach deren Eintritt in die Zelle zunächst am ER zu finden sind. Zellkerne und Mitochondrien sind nicht radioaktiv, sind also nicht die Stellen, an denen die Aminosäuren zuerst ankommen. Ob am ER auch Proteinsynthese stattfindet, lässt sich mit dem In-vivo-Experiment nicht entscheiden, erst mit dem In-vitro-Experiment kann dies bewiesen werden. Es zeigt darüber hinaus, dass zur Proteinbildung ATP nötig ist, das in den Mitochondrien gebildet wird. Dadurch, dass die Aminosäuren auch im In-vitro-Experiment lediglich am ER mit seinen Ribosomen verarbeitet werden, wird bestätigt, dass im Reagenzglas wahrscheinlich dieselben Reaktionen ablaufen wie in der lebenden Zelle.

2 Stellen Sie den Erkenntnisfortschritt zur Funktion von Zellbestandteilen mit eigenen Worten dar!
Durch Experimente mit Zellbestandteilen, die aus der Rattenleber mithilfe der Zentrifugation isoliert wurden, konnte festgestellt werden, dass Proteine wahrscheinlich an Ribosomen am ER gebildet werden. Die benötigte Energie wird durch die Reaktion von ATP zu ADP plus Phosphat geliefert. Das dabei umgesetzte ATP wird vorher in den Mitochondrien gebildet. Weitere Beobachtung der zeitabhängigen Lokalisation radioaktiv markierter Proteine am Elektronenmikroskop, zeigten am Beispiel des Insulintransports, dass ein Weitertransport vom ER über Vesikel zu den Dictyosomen und anschließend den Sekretbläschen erfolgt. Die Hypothese vom Transportweg ER → Vesikel → Dictyosom → Sekretbläschen wird damit unterstützt.
Durch diese Versuche wurde die Kenntnis, dass in der Zelle Proteine gebildet werden und hierfür Energie bereitgestellt wird, um die Beiträge der verschiedenen Zellbestandteile erweitert. Die Kenntnis über Funktionen in der Zelle ist also präzisiert worden.

Seite 31 (Material)

Material A – Quer gestreifte Muskulatur – energetische Kopplung

A1 Beschreiben Sie den auffälligen Bau der abgebildeten Muskelzellen! Gehen Sie dabei auf die Anzahl und Anordnung der verschiedenen Zellbestandteile ein!
Die abgebildeten Muskelzellen bestehen aus sich wiederholenden Strukturelementen. Man kann den Inhalt in Bereiche einteilen. Ein typischer Bereich, in der Abbildung auf Seite 31 mit F markiert, ist in Längsrichtung des Muskels mit parallelen hellgrauen Linien gefüllt, die allerdings eine begrenzte Länge haben. Parallel dazu, durch eine aufgereihte Folge von ovalen Mitochondrien getrennt, wiederholt sich dieser Bereich. Dieser Eindruck wird dadurch unterstützt, dass quer zur Längsrichtung des Muskels kurze Querstreifen verlaufen, die sich in jedem der eben genannten Bereichen auf derselben Höhe befinden und mit Q markiert sind. Die eben genannten parallelen Linien sehen darüber hinaus charakteristisch aus. In der Nähe der Querstreifen erscheinen sie hell, in der Mitte eines Feldes

zwischen zwei Querstreifen werden sie dunkler mit einem noch dunkleren Bereich in der Mitte.
Da die parallelen hellgrauen Linien Aktinfilamente abbilden und zwischen ihnen weitere Proteinfilamente liegen, wird die unterschiedliche Färbung des F-Bereiches der Zelle mit den zusätzlichen Filamenten zusammenhängen. Es gibt somit in der abgebildeten Muskelzelle ganz viele parallele und durch die Querstreifen in Serie gehaltene Aktin- und Proteinfilamente und parallel dazu in nahezu gleichmäßigen Abständen Reihen von Mitochondrien, die dicht an die Filamente anschließen. An einigen Stellen gibt es zwischen den Mitochondrien weitere Zellbestandteile. Einer der Aktinfilamentbereiche wird teilweise vom ER durchzogen.

A2 Erläutern Sie mithilfe von Kenntnissen zur energetischen Kopplung das Zusammenwirken der verschiedenen Kompartimente in einer Muskelzelle!
Die Kontraktion der Muskelzellen ist davon abhängig, dass ATP zu den Filamenten gelangt. Dort finden chemische Reaktionen statt, bei denen ATP zu ADP und Phosphat reagiert. Diese Reaktionen sind mit den Reaktionen im Mitochondrium energetisch gekoppelt, bei denen ATP wieder entsteht. Also muss ADP von den Filamenten in ein Mitochondrium gelangen, ATP aus dem Mitochondrium zu den Filamenten. Der Transport von ATP beziehungsweise ADP ist in der Muskelzelle gut möglich aufgrund dessen, dass die Mitochondrien sehr nahe an den Filamenten liegen.
Die Aktinfilamente und weiteren Proteinfilamente sind wie das Zytoskelett Bestandteile des Kompartiments Zellplasma. Das ATP benötigt zu seiner Herstellung das Kompartiment Mitochondrium. Zwei eng zusammenarbeitende Funktionsbestandteile der Zelle sind also zwei verschiedenen Kompartimenten zugeordnet. Daher ist es sinnvoll, dass diese Kompartimente räumlich eng zu einander in der Zelle liegen, wie es bei den Muskelzellen der Fall ist.

Material B – Gewinnung von Zellbestandteilen – Funktion der Chloroplasten

B1 Erläutern Sie, unterstützt durch eine Skizze, wie Sie aus Spinatblättern eine Chloroplastensuspension erhalten!
Erwartet wird eine Skizze analog zur Abbildung 3 auf Seite 29. Die Spinatblätter werden zerkleinert, grobe Teile abgefiltert, der Rest homogenisiert und dann schrittweise zentrifugiert. Aus einem geeigneten Zentrifugationsschritt entnimmt man das Sediment und erhält eine Chloroplastensuspension. *(Skizze siehe rechte Spalte)*

B2 Planen Sie ein Experiment, in dem nachgewiesen wird, dass die Chloroplasten in der Suspension noch funktionsfähig sind!

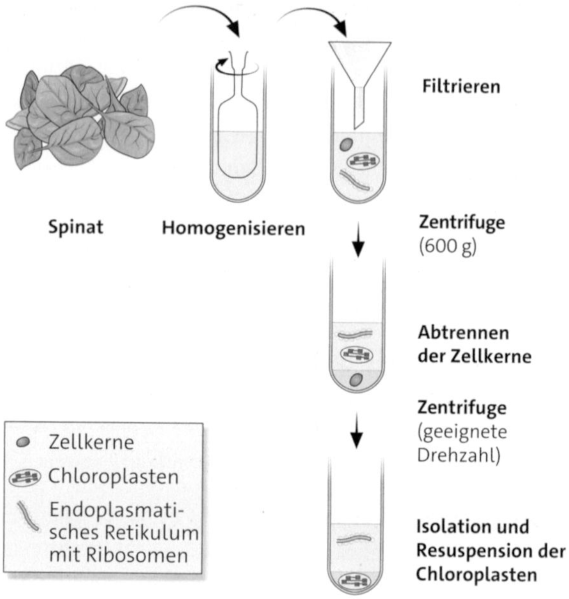

Da die Chloroplasten Fotosynthese betreiben, kann man mithilfe eines Experiments feststellen, ob in der Fraktion, die man wegen der grünen Farbe für die Chloroplastensuspension hält, auch intakte Chloroplasten enthalten sind. Wenn das Experiment gelingt, muss bei Belichtung Sauerstoff gebildet werden. Damit wären funktionsfähige Chloroplasten in der Suspension vorhanden.

B3 Planen Sie ein In-vitro-Experiment für den Nachweis, dass die Thylakoide für die Sauerstoffbildung bei der Fotosynthese benötigt werden!
Man macht ein analoges Experiment zu B1, bei dem die Chloroplasten aufgebrochen und homogenisiert werden und durch Zentrifugation die Thylakoide von den restlichen Zellbestandteilen getrennt werden. Auch hier wird ein geeigneter Versuch benötigt, der die Funktion der Thylakoide testet. Darüber hinaus ist es aber nötig, die Thylakoide zu identifizieren, wenn sie nicht grün sind. Man könnte ein elektronenmikroskopisches Präparat aus jeder der Fraktionen, die durch Zentrifugation aus der Chloroplastensuspension gewonnen wurden, machen und kontrollieren, wo die Thylakoide vorkommen. Weitere Ideen sind möglich.

Überblick: Struktur und Funktion der Zellbestandteile

Seite 32–33

1 Vergleichen Sie Struktur und Funktion von Tier- und Pflanzenzelle!
Die Tier- und Pflanzenzellen haben viele Gemeinsamkeiten: Sie besitzen eine Zellmembran als Zellbegrenzung

und Zellplasma als Grundsubstanz und Ort chemischer Reaktionen. Die Mitochondrien produzieren ATP und der Zellkern steuert die Zellfunktionen, er enthält die DNA. An den Ribosomen findet die Proteinsynthese statt und im Endoplasmatischen Retikulum erfolgt der Stofftransport über Vesikel. Das Zytoskelett unterstützt die Transportvorgänge in der Zelle. Die Lysosomen enthalten Verdauungsenzyme, die Peroxysomen bauen Stoffe durch Oxidation ab und die Dyctiosomen bilden die Transportvesikel. Die Pflanzenzelle enthält zusätzlich eine Zellwand für die Stabilität, Plasmodesmen, die die Zellen miteinander verbinden, eine Vakuole als Speicherort und zur Formgebung und Chloroplasten als Orte der Fotosynthese. Die Tierzelle enthält zusätzlich Zentrosomen, die die Mitosespindel bilden.

Vom Einzeller zum Vielzeller

Seite 34–36

1 Beschreiben Sie die Entwicklungslinie von *Chlamydomonas* über *Gonium* bis zu *Volvox*!
Chlamydomonas ist eine einzellige Alge mit einem becherförmigen Chloroplasten, Augenfleck und zwei Geißeln. *Gonium* ist ein Zellverband und besteht aus 4 bis 16 Zellen, die *Chlamydomonas* ähneln. *Volvox* ist ein vielzelliger Organismus aus mehreren tausend Zellen, die alle Ähnlichkeit mit *Chlamydomonas* aufweisen und über Plasmodesmen miteinander verbunden sind. Die meisten dieser Zellen sind klein und betreiben Fotosynthese. Einige wenige größere Fortpflanzungszellen könne entweder durch Teilung neue Tochterkugeln bilden oder sich nach Spezialisierung zu Ei und Spermienzellen geschlechtlich fortpflanzen. Die Entwicklungslinie führt vom Einzeller zum Vielzeller mit spezialisierten Zellen und Arbeitsteilung.

2 Vergleichen Sie den Lebenszyklus von *Volvox* und von *Dictyostelium*!
Volvox ist eine kugelförmige Grünalge, bestehend aus mehreren tausend sehr ähnlich aufgebauten Zellen, die von einer Gallertschicht zusammengehalten werden. Bis auf wenige Zellen sind alle gleich groß und haben die gleiche Funktion. Einige wenige größere Zellen dienen der Fortpflanzung, die entweder ungeschlechtlich oder geschlechtlich erfolgen kann. Nach erfolgter Fortpflanzung sterben alle anderen Zellen ab.
Demgegenüber ist *Dictyostelium* in der Regel eine einzellige Amöbe. Erst bei ungünstigen Umweltbedingungen wie beispielsweise Nahrungsmangel schließen sich viele tausend dieser Amöben zu einem vielzelligen Lebewesen zusammen, sodass ein Organismus mit Stiel und Sporenkapsel entsteht. Bei günstigen Lebensbedingungen entwickeln sich nur die Sporen zu neuen einzelligen Amöben, während Stiel und Sporenkapsel absterben.
Sowohl bei *Volvox* als auch bei *Dictyostelium* kommt es zum Tod von vielen Zellen. Während *Volvox* aber über das ganze Jahr ein gleiches Individuum ist, durchläuft *Dictyostelium* in Abhängigkeit von Umweltbedingungen ein einzelliges Stadium und ein vielzelliges Stadium.

3 Nennen Sie Eigenschaften von Einzellern, die die Entstehung von Vielzelligkeit begünstigten!
- Einzeller besitzen viele Eigenschaften der unterschiedlichen Zelltypen der Vielzeller,
- Einzeller sind nicht potenziell unsterblich,
- viele Einzeller besitzen eine Vielzahl verschiedener Moleküle auf der Außenseite ihrer Zellmembran, die den Kontakt zwischen einzelnen Zellen ermöglichen und
- bei Einzellern gibt es eine Signalübertragung.

Seite 37 (Material)

Material A – Der Süßwasserpolyp als Modellorganismus?

A1 Beschreiben Sie die Gestalt eines Süßwasserpolypen!
Süßwasserpolypen sind annähernd zylinderförmige Hohltiere mit einer Öffnung am oberen Körperende. Um die Öffnung herum befinden sich sechs schmale, lange tentakelförmige Körperausläufer. Der gesamte Körper besteht aus drei Schichten, der Innenhaut, der Stützschicht und der Außenhaut. In der Außenhaut befinden sich spezialisierte Nesselzellen. Zwischen der Innen- und Außenhaut befindet sich die Stützschicht mit Nervenzellen.

A2 Recherchieren Sie die Funktionsweise der Nesselzellen!
Nesselzellen sind kompliziert gebaute spezialisierte Zellen, die es nur bei Nesseltieren gibt. Bei Berührung wird ein Schlauch ausgeschleudert, an dessen Ende sich eine stilettartige Verdickung befinden kann, mit der die Beute verletzt wird. Gleichzeitig wird ein Gift injiziert, das die Beute lähmt und zusätzlich bereits mit der Verdauung beginnt.
Zusatzinformation: Andere Lösungen sind möglich.

A3 Stellen Sie Hypothesen auf, inwieweit die spezialisierten Nesselzellen zum langfristigen Evolutionserfolg der Nesseltiere beigetragen haben!
Nesselzellen werden als Waffen beim Beutefang eingesetzt. Durch ihre Effektivität sind sie Garant für einen erfolgreichen Beutefang. Dadurch war das Überleben der

Organismen mit diesen spezialisierten Zellen über Jahrmillionen gesichert, unabhängig davon, ob andere Zellen zusätzlich Spezialisierungen aufwiesen.
Zusatzinformation: Andere Lösungen sind möglich.

A4 Vergleichen Sie die Reorganisation von Süßwasserpolypen mit der Bildung der Pilzform von *Dictyostelium* aus den Einzelzellen!
Die Reorganisation des Süßwasserpolypen erfolgt nach mechanischer Zerteilung des vorher intakten Lebewesens. Es liegen zu Beginn des Reorganisationsprozesses unterschiedlich differenzierte Zellen vor. Die Reorganisation verläuft über das Stadium eines Zellhaufens. Nach der Reorganisation ist ein Polyp entstanden, den es in gleicher Form vorher bereits gab. Im Ergebnis handelt es sich um eine Wiederherstellung der ursprünglichen Lebensform, einem vielzelligen Organismus.
Die Pilzform von *Dictyostelium* entsteht, wenn die Lebensbedingungen für die Einzeller ungünstig sind. Ausgangspunkt sind gleichartige Zellen. Über einen Zellhaufen entsteht schließlich die Pilzform. Während beim Süßwasserpolypen am Ende der Reorganisation alle Zellen prinzipiell weiterleben, überleben bei *Dictyostelium* nach Verbesserung der Lebensbedingungen nur die Sporen, aus denen die amöboiden Einzeller auskeimen. Die Pilzform kann als ein Überdauerungsstadium bei schlechten Umweltbedingungen angesehen werden.

A5 Begründen Sie, ob die Regeneration von Süßwasserpolypen als Modell für die Entstehung von Vielzellern aus Einzellern geeignet ist!
Bei der Regeneration eines Süßwasserpolypen aus einzelnen Zellen müssen Vorgänge ablaufen, von denen zumindest einige auch beim Übergang vom Einzeller zum Vielzeller stattgefunden haben. Dazu gehört vor allem die Kontaktaufnahme mit Nachbarzellen und deren Positionierung an bestimmten Stellen. Ob die Entstehung der Vielzeller durch Spezialisierung und anschließende Kontaktaufnahme erfolgt ist oder ob sich zunächst gleichartige Zellen nach einem Zusammenschluss spezialisiert haben, muss offenbleiben. Selbst wenn die Spezialisierung ursprünglich ähnlicher Zellen zum Organisationstyp Vielzeller wahrscheinlicher erscheint, ist die Hypothese, dass erst eine Spezialisierung eingetreten ist und danach der Zusammenschluss verschieden spezialisierter Zellen erfolgte, nicht auszuschließen.

Material B – Kragengeißeltierchen und Schwämme

B1 Beschreiben Sie den Bau eines Kragengeißeltierchens!
Kragengeißeltierchen sind eiförmige Einzeller, die an einem Ende einen kreisrunden Kragen aus Zellfortsätzen tragen, zwischen denen eine Geißel herausragt.

B2 Stellen Sie Hypothesen über die Funktion des „Kragens" auf!
Vermutlich bleiben an den Zellfortsätzen des Kragens Nahrungsteilchen haften, die dann von der Zelle durch Phagozytose aufgenommen werden können. Somit hat der Kragen die Funktion, die Nahrung zu ergreifen.

B3 Beschreiben Sie den Bau eines einfachen Schwammes und recherchieren Sie die Funktionen der einzelnen Zellen!
Ein einfacher Schwamm ist ein sackförmiges Gebilde mit einer Osculum genannten Öffnung am oberen Ende und vielen Poren an der Seite, die Ostien (Singular: Ostium) heißen. Er besteht aus zwei Zellschichten, von denen die innere nur Choanozyten enthält. Die äußere Zellschicht besteht aus Amöbozyten und aus Deckzellen. Kalknadeln stabilisieren den Schwamm und Porenzellen kleiden die Ostien aus. Die Deckzellen schließen den Schwamm nach außen hin ab. Choanozyten nehmen die Nahrungspartikel auf und verdauen sie. Amöbozyten sind bewegliche Zellen, die die verdaute Nahrung von den Choanozyten übernehmen und sie im ganzen Schwammkörper verteilen.

B4 Vergleichen Sie Kragengeißeltierchen und Schwamm mit *Chlamydomonas* und *Volvox*!
Kragengeißeltierchen und Choanozyten des Schwammes sind sehr ähnlich aufgebaut. *Chlamydomonas* und die somatischen Zellen von *Volvox* sind auch sehr ähnlich aufgebaut. Darüber hinaus können sowohl Choanozyten als auch *Chlamydomonas* Kolonien aus mehreren Einzelzellen bilden.
Sowohl der Schwamm als auch *Volvox* sind also aus Zellen aufgebaut, die im Prinzip auch als Einzelzellen vorkommen können. Bei *Volvox* gibt es darüber hinaus aber nur noch einen anderen Zelltyp, während bei Schwämmen zusätzlich mehrere andere Zelltypen vorkommen.

B5 Erklären Sie, inwieweit Kragengeißeltierchen und Choanozyten zur Lösung der Frage nach der Entwicklung von Vielzellern beitragen können!
Choanonzyten sind ein Hauptbestandteil von Schwämmen. Ihre Gestalt ist der von Kragengeißeltierchen sehr ähnlich und ihre Funktionen sind gleich. Vorläufer der beiden Zelltypen haben sich wahrscheinlich einerseits zu einem Einzeller entwickelt, der auch zur Koloniebildung befähigt ist und andererseits zu einem Bestandteil eines einfach gebauten Vielzellers. Daher kann die Erforschung des Vorganges, der zur Bildung dieser beiden Zelltypen geführt hat, dazu beitragen, Erkenntnisse über die Entstehung von Vielzellern aus Einzellern zu gewinnen.

2 Struktur und Funktion von Biomembranen

Biomembranen – verformbare Grenzen

Seite 38–41

1 Erläutern Sie die Bedeutung der amphipathischen Eigenschaften der Membranlipide für den Aufbau der Biomembran!
Das Vorhandensein einer unpolaren und polaren Molekülregion ermöglicht eine zweischichtige Anordnung der Membranlipide mit einer hydrophilen Kontaktfläche zur Wasserseite sowie eine stabilisierende und Barriere bildenden, hydrophoben Schicht in der Mitte.

2 Beschreiben Sie das Fluid-Mosaik-Modell der Biomembran!
Das Fluid-Mosaik-Modell der Biomembran zeigt eine Doppellipidschicht, in die unterschiedliche Membranproteine eingelagert sind. Transmembranproteine durchziehen die gesamte Membrandicke, andere integrale Proteine sind nur in einer der beiden Lipidschichten verankert. Zusätzlich können periphere Membranproteine der Doppellipidschicht von außen aufliegen. Weiterhin können Membranlipide und -proteine Kohlenhydratketten tragen und werden dann als Glykoproteine oder Glykolipide bezeichnet. Membranlipide und -proteine sind lateral mobil, sodass die Membran einen fluiden Charakter hat und verformbar ist.

Seite 42–43 (Material)

Material A – Indirekter Nachweis der Membranbestandteile

A1 Erläutern Sie die Funktion der aufgeführten Durchführungsschritte! Erstellen Sie dazu eine Tabelle!

Schritt	Funktion
1	Diffusion der Reagenzien zu den Zellen durch kürzere Diffusionsstrecken bzw. größere Oberfläche verbessern.
2	Freigesetztes Farbmoleküle aus angeschnitten Zellen auswaschen (mögliche Störvariable).
3	Reagenzien mit lösender beziehungsweise strukturverändernder Wirkung auf die zu untersuchenden Stoffgruppen einzeln einsetzen, um deren Wirkung beobachten zu können (Experimentalansätze. Ansatz mit reinem Wasser, um auch weiteren Farbaustritt ohne Reagenzien beobachten und als Vergleich (Kontrollansatz) heranziehen zu können.
4	Farbaustritt aus den Vakuolen durch spezifische Wirkung der Reagenzien feststellen und mit Kontrollansatz vergleichen können (Messgröße erfassen).

A2 Deuten Sie die Ergebnisse zu den drei Versuchsansätzen! Formulieren Sie eine zusammenfassende Schlussfolgerung!

Ansatz	Deutung
A	Farbaustritt aus der Vakuole, da Membranlipide aus der Biomembran herausgelöst werden, sodass die Membran durchlässig wird und der Farbstoff austritt.
B	Farbaustritt aus der Vakuole, da Membranproteine verändert werden, sodass die Membran durchlässig wird und der Farbstoff austritt.
C	Da Vakuole intakt bleibt kommt es lediglich zu einer Auswaschung restlicher Farbmoleküle, die beim Schneiden ausgetreten sind.

Sowohl Lipide als auch Proteine sind am Aufbau von Biomembran beteiligt, sodass diese durchlässig wird, wenn eine dieser Stoffgruppen herausgelöst oder verändert wird.

A3 Erklären Sie, weshalb dieser Versuch als ein indirekter Nachweis bezeichnet wird!
Die Membranbestandteile werden nicht direkt durch farbliche Markierung oder ähnliche Verfahren nachgewiesen, sondern dadurch, dass durch ihre Zerstörung der Vakuoleninhalt austritt; deshalb ist es ein indirekter Nachweis.

Material B – Anordnung von Membranproteinen in Biomembranen

B1 Die Skizzen zeigen einfache Schemata von Membranproteinen und ihren Oberflächeneigenschaften. Übertragen Sie beide Skizzen in Ihre Mappe und ergänzen Sie passend angeordnete Membranlipide in Form einfacher Kopf-Schwanz-Symbole (=•)! Beachten Sie hierbei, dass die Membranproteine in unterschiedlichen Maßstäben dargestellt sind, sodass die Größe der Membranlipidmoleküle jeweils angepasst werden muss!
Individuelle Schülerlösungen

B2 Löst man die Lipide aus einer Biomembran heraus und überführt sie auf eine Wasseroberfläche, so bildet sich dort ein einschichtiger Film aus Membranlipiden. Man vermutet, dass die Fläche des Films exakt doppelt so groß ist wie die ursprüngliche Membranfläche. Nehmen Sie Stellung zu dieser Vermutung!
Die Fläche des Films müsste kleiner sein, da in der Biomembran auch die integralen Membranproteine einen Teil der Fläche ausmachen; fallen diese weg, verkleinert sich die Fläche damit auch die Fläche des Films, der lediglich doppelt so groß ist wie die vorherige Membranfläche ohne Membranproteine.

Material C – Hybridzellenversuch

C1 Stellen Sie Hypothesen auf, die mit dem beschriebenen Versuch überprüft werden kann!
Auch Membranproteine sind in der Biomembran lateral mobil.

C2 Beschreiben Sie das in der Abbildung A dargestellte Versuchsergebnis und überprüfen Sie Ihre Vermutung aus Aufgabe C1!
Die Hybridzelle weist einen Tag nach der Fusion eine gleichmäßig gemischte Verteilung der beiden Farbmarkierungen über den gesamten Zellkörper auf. Dies ist durch eine seitliche Verschiebung der markierten Membranproteine erklärbar, die direkt nach der Fusion auf die beiden Hälften der Hybridzelle verteilt waren und sich dann über die Zeit durch laterale Mobilität gleichmäßig verteilt haben. Die Hypothese ist somit durch diesen Versuch (vorläufig) bestätigt.

C3 Werten Sie die in den Abbildungen B und C dargestellten Versuchsergebnisse aus!
Abbildung B zeigt die Verteilung der Membranproteine der Maus in den Mosaikzellen in Abhängigkeit von der Inkubationstemperatur. Dabei kann man erkennen, dass sich die prozentuale Verteilung der Mäuseproteine prozentual mit steigender Inkubationstemperatur erhöht und über 35 Grad Celsius gegen 100 % läuft.
Abbildung C zeigt die Verteilung der Mäuseproteine auf der Membran der Mosaikzellen in Abhängigkeit von der Inkubationsdauer bei 37 Grad Celsius. Dabei kann man erkennen, dass die prozentuale Verteilung der Mäuseproteine sich mit steigender Inkubationsdauer erhöht. Entsprechend kann man aus beiden Experimenten schließen, dass die laterale Mobilität der Membranproteine abhängig von der Inkubationstemperatur und -dauer ist.

Material D – Positionswechsel von Membranlipiden

D1 Beschreiben Sie die in der Abbildung gezeigten Positionswechsel!
Die Seitwärtsbewegung in der Grafik in Material D zeigt eine seitliche Verschiebung der Membranlipide, die auch als laterale Mobilität bezeichnet wird. Die „Flip-Flop“ Bewegung stellt einen Seitenwechsel zwischen den beiden Lipidschichten dar.

D2 Erklären Sie die unterschiedliche Häufigkeit der beiden Positionswechsel!
Bewegung A ist häufig, da hierbei die Passung der hydrophilen und hydrophoben Regionen der Lipide zur Umgebung erhalten bleibt: Die polar-hydrophile Kopfregion bleibt zur Wasserseite ausgerichtet, die unpolare Schwanzregion bleibt in die hydrophobe Mittelschicht der Membran ausgerichtet.
Bewegung B ist sehr selten, da hierbei der hydrophile Kopf eines Lipids durch die hydrophobe Schicht der Biomembran treten muss. Dieser Durchtritt ist durch die ungünstige Wechselwirkung zwischen polaren und unpolaren Molekülabschnitten sehr unwahrscheinlich.

Seite 44–45 (Im Blickpunkt Wissenschaftsgeschichte: Membranmodelle)

1 Beschreiben Sie ausgehend von den Abbildungen die historischen Modellvorstellungen zur Biomembran!
Die erste Modellvorstellung zur Biomembran basiert auf den Experimenten von Ernest OVERTON im Zeitraum von 1890 bis 1895. Irving LANGMUIR, stellte die Biomembran im Jahr 1917 als Monolayer dar. In Abbildung 01 ist erkennbar, dass die hydrophilen Köpfe der Lipidmoleküle nach dieser Vorstellung ins Wasser und die hydrophoben Schwänze der Lipidmoleküle in die angrenzende Luft ragen.
Evert GORTER und François GRENDEL entwickelten im Jahr 1925 das in Abbildung 03 dargestellte Bilayer-Modell. Demnach besteht eine Biomembran aus zwei Moleküllagen, deren Köpfe voneinander weg in die wässrige Lösung der Zelle und die wässrige Lösung ihrer Umgebung ragen.
Abbildung 04 B zeigt das von Hugh DAVSON und James DANIELLI im Jahr 1935 entwickelte Modell zur Biomembran. Dieses basiert auf dem bekannten Bilayer-Modell. Auf beiden Seiten der Lipiddoppelschicht befinden sich dünne Proteinschichten. Das Modell wurde deshalb als Sandwich-Modell bezeichnet.
In den 1950er Jahren wurde das Modell aufgrund elektronenmikroskopischer Aufnahmen bestätigt und von J. David ROBERTSON zur Einheitsmembran erweitert, indem er einen gleichartigen Aufbau aller Biomembranen annahm.

2 Erläutern Sie, weshalb sich die Modellvorstellungen verändert haben!
Die Veränderungen in der Vorstellung des Baus der Biomembran basieren auf den Erkenntnissen, die sich durch verbesserte technische Möglichkeiten im Laufe des 20. Jahrhunderts ergaben. Ernest OVERTON stellte seine Hypothese 1895 auf Basis konkreter Beobachtungen auf, der Geschwindigkeit, mit der unterschiedliche chemische Stoffe in Zellen eindringen können. Die daraus abgeleitete Lipidhypothese konnte von Irving LANGMUIR bestätigt werden, da es ihm gelang, einen Lipid-Monolayer auf einer Wasseroberfläche zu erzeugen und dessen Ausmaße zu berechnen.
Evert GORTER und François GRENDEL entwickelten eine weitere Hypothese, da sie davon ausgingen, dass sich Zellen in einem wässrigen System befinden und die

Membran demnach ein Bilayer sein müsse. Diese Hypothese konnten sie anhand ihrer Experimente mit Erythrozyten bestätigen. Deren Zellmembran nahm auf einer Wasseroberfläche die doppelte Fläche ein als es der berechneten Erythrozytenoberfläche entsprach.
Aufgrund des technischen Fortschritts kamen Zweifel am Bilayer-Modell auf. Die Befunde aus Experimenten zur Durchlässigkeit für chemische Stoffe, zum elektrischen Widerstand und zur Oberflächenspannung ließen sich nur mit einer erweiterten Modellvorstellung erklären. Hugh DAVSON und James DANIELLI formulierten auf Basis der neuen Erkenntnisse eine neue Hypothese zum Bau der Biomembran, das Sandwich-Modell. Dieses Modell wurde zwei Jahrzehnte später anhand elektronenmikroskopischer Aufnahmen bestätigt.
Die Weiterentwicklung der Mikroskopie, insbesondere der Fluoreszenzmikroskopie und der Rasterelektronenmikroskopie, aber auch neue Experimentiertechniken, ermöglichten es den Forschern, exaktere Erkenntnisse zum Bau der Biomembranen zu erhalten. So konnte man feststellen, dass die Proteine keine dünnen Schichten beidseits der Lipiddoppelschicht bilden, dass die Membrandicken sich unterscheiden und dass die Proteine teilweise in die Membran hineinreichen. Anhand farblicher Markierungen wurde deutlich, dass sich fusionierte Membranproteine von Maus und Mensch durchmischen, also in der Membran frei beweglich sind. Diese Befunde führten zu einer neuen Modellvorstellung, dem Fluid-Mosaik-Modell.
Zusatzinformation: Spätere Untersuchungen zeigten, dass GORTER und GRENDEL bei ihren Experimenten zwei Fehler gemacht haben. Sie hatten die Lipide nur unvollständig extrahiert und sie hatten bei der Berechnung der Erythrozytenoberfläche auf Basis ihrer mikroskopischen Beobachtungen zu kleine Werte angenommen. Da sich beide Fehler aufhoben, kamen sie dennoch zu den richtigen Schlussfolgerungen.

Diffusion und Osmose

Seite 46–48

1 Beschreiben Sie den Unterschied zwischen Diffusion und Osmose!
Die Diffusion ist ein Prozess, bei dem sich ein Stoff gleichmäßig in einem zur Verfügung stehenden Raum ausbreitet. Ursache ist die ungerichtete Eigenbewegung der Stoffteilchen. Sie führt zum Konzentrationsausgleich. Befindet sich ein gelöster Stoff in einem Lösungsmittel, beispielsweise Wasser, so führt das sowohl für den gelösten Stoff als auch für das Wasser in dem zur Verfügung stehenden Gefäß zum Konzentrationsausgleich.
Die Osmose ist gekennzeichnet durch eine selektiv permeable Membran, die für das Lösungsmittel Wasser durchlässig ist, nicht aber für den gelösten Stoff. Der gelöste Stoff kann sich also nicht im gesamten Gefäß ausbreiten. Ein Konzentrationsausgleich ist nur in dem ihm zur Verfügung stehenden Raum möglich. Für das Wasser stellt die selektiv permeable Membran keine Barriere dar. Deshalb diffundiert das Wasser durch die Membran vom Ort der höheren Wasserkonzentration zum Ort der niederen Konzentration. Dadurch erhöht sich dort der osmotische Druck.

2 Erläutern Sie am Beispiel der mit Kochsalz bestreuten Gurkenscheibe den Vorgang der Plasmolyse!
Auf der Gurkenscheibe befindet sich ein dünner Wasserfilm, da viele Zellen durch den Schnitt verletzt worden sind. Gibt man zu diesen Zellen eine konzentrierte Salzlösung hat die umgebende Lösung eine höhere Salzkonzentration als das Zellinnere. Die Salzlösung ist hyperton. Die gelösten Salzteilchen können die Zellwände von außen nach innen passieren, nicht aber die Zellmembranen. Innerhalb der Zellen ist nun der Konzentrationsgradient des Wassers höher als außerhalb der Zellen. Die Wasserteilchen aus der Vakuole und dem Zellplasma diffundieren aufgrund des Konzentrationsunterschiedes durch die Membran nach außen und bewirken, dass das Volumen des Zellinneren abnimmt. Dieser Vorgang wird als Plasmolyse bezeichnet.

Seite 49 (Material)

Material A – Simulationsspiel zur Diffusion

A1 Führen Sie das Simulationsspiel durch und zeichnen Sie den Weg Ihres Spielsteins auf! Markieren Sie die nach 9, 16, 25 und 36 Schritten erhaltenen Endpunkte S9, S16, S25 und S36. Messen Sie die jeweiligen Abstände zum Startpunkt A!
Bei der Durchführung des Simulationsspiels auf einem Halmaspielfeld bietet es sich an, den Startpunkt A auf das Zentrum des Spielfelds zu legen und den Spielplan so auszurichten, dass die Linien den Richtungen der in der Abbildung gezeigten Darstellung entsprechen.
Gegebenenfalls erreicht man im Verlauf des Spiels den Spielfeldrand, womit die Außengrenze des Gefäßes simuliert wird. In der darauffolgenden Runde muss so lange gewürfelt werden, bis ein weiterer Spielzug möglich ist.

A2 Vergleichen Sie Ihre Zufallswege mit denen der Mitschüler!
Da die Zufallswege durch die jeweiligen Würfelergebnisse entstehen, ergeben sich für jeden Spieler andere Zufallswege und damit andere Positionen für den Spielstein

an den jeweiligen Endpunkten nach 9, 16, 25 und 36 Zügen. Es ist möglich, dass ein Spielstein beispielsweise nach 25 Zügen näher am Startpunkt steht als nach 16 Zügen.

A3 Erläutern Sie, welche Eigenschaften des Teilchenmodells der Diffusion im Simulationsspiel erfasst werden und welche nicht!

Im Spielverlauf wird deutlich, dass die Zufallswege der Spielsteine nicht geradlinig verlaufen. Die Ausbreitung ist somit mit der Teilchenbewegung der Diffusion vergleichbar. Es wird auch deutlich, dass die Entfernung zum Startpunkt nicht linear zunimmt, sondern zufallsbedingt ist. Aus dem Vergleich der unterschiedlichen Ergebnisse ergibt sich, dass die Spielsteine jeweils andere Positionen einnehmen. Je mehr Personen an dem Spiel teilnehmen und mit zunehmender Anzahl an Würfelrunden nehmen die unterschiedlichen Positionen der zufälligen Verteilung der Spielsteine zu. Die Spielsteine breiten sich in stärkerem Maße auf dem Spielfeld aus. Auch dieser Effekt lässt sich auf das Teilchenmodell übertragen.

Im Gegensatz zur Teilchenvorstellung kann bei dem Spielfeld nur eine zweidimensionale Ausbreitung simuliert werden. Die Verteilung im Raum führt zu erheblich mehr Variationsmöglichkeiten. Auch die Tatsache, dass mit dem Würfelspiel nur sechs verschiedene Richtungen vorgegeben sind, stellt eine Vereinfachung gegenüber den realen Bedingungen dar. Ein weiterer Aspekt ist der, dass bei der Simulation nur die Ausbreitung eines Spielsteins betrachtet wird. Die Modellvorstellung der Diffusion geht davon aus, dass sich sehr viele Teilchen gleichzeitig bewegen. Die Bewegung eines einzelnen Teilchens ist durch elastische Stöße mit anderen Teilchen beeinflusst.

Material B – Hühnerei

B1 Beschreiben Sie die dargestellten Veränderungen der Massen der drei Hühnereier!

Im Koordinatensystem ist die Veränderung der Masse von drei Hühnereiern über einen Zeitraum von 360 Minuten dargestellt. Zu Beginn des Experiments zum Zeitpunkt t_0 haben alle drei Hühnereier eine vergleichbare Masse von etwa 52 Gramm. Bei dem Hühnerei, das in destilliertes Wasser gelegt wird, steigt die Masse innerhalb der ersten 120 Minuten zunächst steiler auf einen Wert von 60 Gramm und dann kontinuierlich auf etwa 68 Gramm nach 360 Minuten. Die Masse des Hühnereis in 5%iger Kochsalzlösung nimmt innerhalb der ersten 120 Minuten auf etwa 54 Gramm zu und erreicht nach 360 Minuten einen Wert von 57 Gramm. Das in 25%ige Kochsalzlösung überführte Ei verliert an Masse. Nach 120 Minuten beträgt die Masse ungefähr 47 Gramm, nach 360 Minuten 45 Gramm.

B2 Erklären Sie die beobachten Masseveränderungen!

Bei den drei Eiern ist die Kalkschale nicht mehr vorhanden. Sie sind nur noch von der Eihaut umhüllt. Die Eihaut ist für Wasser durchlässig, nicht aber für das gelöste Kochsalz. Sie ist semipermeabel. In destilliertem Wasser ist die Kochsalzkonzentration Null. Somit liegt ein starkes Konzentrationsgefälle für Kochsalz vor. Das Wasser diffundiert durch die Eihaut in das Ei und bewirkt dessen Massenzunahme um 14 Gramm. Der osmotische Druck bewirkt die Volumenzunahme des Eies. In 5%iger Kochsalzlösung liegt ebenfalls ein Konzentrationsgefälle für Kochsalz vor. Die Lösung ist hypoton. Daher diffundiert das Wasser auch hier durch die Eihaut in das Ei. Da der Konzentrationsgradient geringer ist als bei destilliertem Wasser, tritt eine geringere Menge Wasser ein und die Massenzunahme beträgt lediglich 5 Gramm. Bei dem Hühnerei in 25%iger Kochsalzlösung nimmt die Masse um etwa 7 Gramm ab. Somit besteht ein Konzentrationsgefälle. Die Salzkonzentration im Inneren des Hühnereis hat den geringeren Wert. Die Kochsalz-lösung ist hyperton. Das Wasser diffundiert deshalb durch die Eihaut nach außen. Der osmotische Druck im Hühnerei nimmt ab.

B3 Entwickeln Sie ein Folgeexperiment zur Bestimmung der Salzkonzentration im Hühnerei!

Im Experiment wird deutlich, dass ein größerer Konzentrationsunterschied des Kochsalzes zwischen dem Inneren des Hühnereis und der umgebenden Lösung eine größere Änderung der Masse zur Folge hat. Wäre der Konzentrationsunterschied zwischen dem Inneren des Hühnereis und der umgebenden Lösung gleich Null, handelt es sich um eine isotonische Lösung. Die Menge an einströmendem Wasser ist gleich der Menge an ausströmendem Wasser, die Masse des Hühnereis verändert sich nicht. Aufgrund der Beobachtungen im Experiment kann davon ausgegangen werden, dass das Hühnerei eine höhere Salzkonzentration als 5% aufweist, aber eine geringe als 25%. Wiederholt man das Experiment mit verschieden konzentrierten Salzlösungen, die zwischen diesen beiden Werten liegen, so wird man bei einer dieser Lösungen beobachten, dass sich die Masse des Hühnereis im Verlauf der Zeit nicht ändert. Daraus lässt sich folgern, dass das Hühnerei genau die Salzkonzentration des Lösungsmittels aufweist.

Transportvorgänge an Biomembranen

Seite 50–52

1 Beschreiben Sie die Beispiele für die erleichterte Diffusion!

Die erleichterte Diffusion kann über integrale Membranproteine erfolgen. Diese Membranproteine bilden als Kanalproteine kleine Poren, durch die lipidunlösliche polare

Moleküle die Biomembran passieren können. Von besonderer Bedeutung sind die Aquaporine, die einen schnellen Wassertransport in tierischen und pflanzlichen Zellen ermöglichen.
Ein weiteres Beispiel für die erleichterte Diffusion ist der Transport mithilfe spezieller Carrierproteine. Das zu transportierende Molekül bindet an ein Carrierprotein. Das Protein verändert daraufhin seine Struktur, wodurch das Molekül auf die andere Seite der Membran transportiert wird.

2 Erläutern Sie den Unterschied zwischen passivem und aktivem Transport!
Der passive Transport erfolgt durch einfache Diffusion oder durch die erleichterte Diffusion.
Für den passiven Transport wird keine zusätzliche Energie benötigt. Eine Diffusion findet immer entlang des Konzentrationsgradienten, also vom Ort der höheren Konzentration in Richtung des Ortes der niederen Konzentration eines Stoffes statt.
Durch den aktiven Transport können Stoffe gegen den Konzentrationsgradienten von einer Seite einer Biomembran zur anderen Seite transportiert werden. Daher benötigt der aktive Transport Energie in Form von ATP.

3 Beschreiben Sie den Ablauf der Endozytose!
Bei der Endozytose befindet sich der aufzunehmende Stoff, beispielsweise ein Nahrungspartikel, außerhalb der Zelle. Die Zellmembran umfließt das Partikel, es entsteht ein durch die Zellmembran umschlossenes Vesikel im Innern der Zelle. Dort verschmilzt es mit einem Lysosom, dessen Verdauungssekrete den Inhalt des Vesikels auflösen.

Seite 53 (Material)

Material A – Plasmolyse bei der Ligusterbeere

A1 Erläutern Sie die Veränderungen des Zellvolumens nach der Überführung in konzentrierte Zuckerlösung und in Wasser!
Nach Überführung der Ligusterbeerenzellen in eine konzentrierte Zuckerlösung nimmt das Volumen des Zellinneren und der Vakuolen ab. Aufgrund der hohen Zuckerkonzentration befindet sich in der Umgebung gegenüber dem Zellinneren eine hypertonische Lösung. Der Konzentrationsunterschied hat zur Folge, dass Wasser durch den Tonoplast und die Zellmembran nach außen tritt und die Zellen plasmolysieren. Die Biomembranen sind für die Zuckermoleküle nicht permeabel.
Nach Überführung der plasmolysierten Zellen in Wasser nimmt das Volumen des Zellinneren und der Vakuole zu. Das Wasser stellt gegenüber dem Zellinneren ein hypotonisches Lösungsmittel dar. Der Konzentrationsgradient für die gelösten Stoffe von innen nach außen hat deshalb zur Folge, dass Wasser in die Zellen und in die Vakuolen eintritt. Diesen Vorgang bezeichnet man als Deplasmolyse.

A2 Erklären Sie die Funktion der Aquaporine in der Zellmembran! Nehmen Sie hierzu die Abbildung 02 auf Seite 50 zu Hilfe!
Die Aquaporine sind für Wassermoleküle spezifische Kanäle, die eine erleichterte Diffusion der Wassermoleküle durch die Biomembran ermöglichen. Auf diese Weise sind Durchtrittsraten von bis zu drei Milliarden Wassermoleküle pro Sekunde erreichbar. Über die Aquaporine erfolgt die Regulation des Wasserhaushalts der Zellen.

A3 Stellen Sie eine Hypothese auf, welche Beobachtungen im zweiten Versuch zu erwarten sind!
Da die Quecksilberionen die Poren der Aquaporine blockieren, kann angenommen werden, dass die Wassermoleküle gar nicht oder nur in sehr geringem Umfang durch die Membranen der Zelle und der Vakuole gelangen. Somit sind die Membranen nicht nur für die gelösten Stoffe, sondern auch für das Lösungsmittel Wasser undurchlässig. Man kann deshalb weiterhin annehmen, dass nach Überführung der Ligusterbeerenzellen in eine konzentrierte Zuckerlösung keine Plasmolyse stattfindet. Würde man die Zellen erst nach der Plasmolyse mit Quecksilberionen behandeln, ist anzunehmen, dass nach Überführung der Zellen in Wasser keine Deplasmolyse stattfinden wird.

Material B – Vakuole als Ionenfalle

B1 Beschreiben Sie die in der rechten Abbildung dargestellten Veränderungen der in der Zwiebelepidermis!
Die Vakuolen der Epidermiszellen der Zwiebel erscheinen nach Einbettung in die Neutralrotlösung rot gefärbt. Das Zellplasma ist gar nicht oder nur geringfügig gefärbt.

B2 Erklären Sie die Beobachtungen!
Neutralrot ist in der neutralen Lösung ein lipophiler Farbstoff, für den die Biomembranen durchlässig sind. Aufgrund des Konzentrationsgradienten strömen die Neutralrot-Moleküle durch die Membran in das Zellinnere und in die Vakuole ein. Im Inneren der Vakuole werden die Neutralrot-Moleküle protoniert, also zu positiv geladenen Ionen. Deshalb färbt sich das Innere der Vakuole kirschrot.

B3 Entwickeln Sie eine Hypothese, welche Beobachtungen im Folgeexperiment zu erwarten sind! Begründen Sie den Begriff „Ionenfalle"!
Nach Überführen der Zwiebelepidermiszellen in Leitungswasser müsste man erwarten, dass aufgrund des geänderten Konzentrationsgradienten das Neutralrot nach

außen durch die Biomembranen diffundiert und die Rotfärbung der Vakuolen zurückgeht. Dies geschieht jedoch nicht, da Neutralrot im sauren Milieu der Vakuolen protoniert wird und damit die vorher lipophilen Moleküle zu geladenen Ionen werden. Da Biomembranen für geladene Ionen undurchlässig sind, ist anzunehmen, dass sie in der Vakuole bleiben und damit keine Entfärbung eintritt. Die Vakuole wird zu einer Falle für die positiv geladenen Neutralrot-Ionen. Daraus leitet sich die Bezeichnung Ionenfalle ab.

Zelloberflächen und Abstoßungsreaktion

Seite 54–55

1 Erläutern Sie die Bedeutung der MHC-Proteine für eine erfolgreiche Transplantation!
Für eine erfolgreiche Transplantation ist die Vermeidung von Abstoßungsreaktionen wesentlich. Transplantatabstoßungen können als Folge einer Immunabwehr des Patienten gegen antigene Strukturen des Transplantats erfolgen. Verantwortlich für Akzeptanz und Anwachsen von Transplantaten sind die MHC-Proteine (beim Menschen HLA genannt) auf der Oberfläche der Leukozyten. Um das Risiko einer Abstoßungsreaktion zu minimieren, werden die HLA-Merkmale von Spender und Empfänger vor einer Transplantation auf eine möglichst hohe Übereinstimmung abgeglichen.

Seite 57 (Material)

Material A – Blutspende

A1 Begründen Sie, bei welcher Vermischung von Blut eine Verklumpung auftritt!
Die Blutgruppe A verklumpt mit Anti-A (in Blutgruppe B enthalten).
Die Blutgruppe B verklumpt mit Anti-B (in Blutgruppe A enthalten).
Die Blutgruppe AB verklumpt mit Anti-A und Anti-B.

A2 Erklären Sie, was man unter einem universellen Empfänger versteht, und begründen Sie, welche Blutgruppe dieser hat!
Die Blutgruppe 0 besitzt Blutzellen ohne Antigene und daher keinen Ansatz zur Verklumpung.

A3 Erläutern Sie, wie es nach einer Blutspende zu einer tödlichen Verklumpung kommen kann!
Wenn die Voruntersuchungen vor der Bluttransfusion nicht sorgfältig erfolgen, können sich Antigene und Antikörper miteinander verklumpen (= Hämagglutination). Es entsteht ein Pfropf, der zunächst durch den Herzschlag und den Blutdruck in dem Blutgefäß weitertransportiert wird. Kleinere Gefäße oder Verästelungen können nicht passiert werden, sodass der Klumpen festsitzt und sich verhärtet. Der nachfolgende Bereich wird daher nicht weiter versorgt und kann in der Folge der Mangelversorgung absterben. Je nachdem welche Bereiche betroffen sind, kann der Tod relativ schnell eintreten.

Material B – Organhandel mit Nieren

B1 Werten Sie die Abbildung aus!
Die Landkarte zeigt Länder wie Ägypten, Pakistan und Indien mit einem äußerst geringen Bruttosozialprodukt und großer Armut als Spenderländer für Organe. Länder wie USA und Australien mit einem hohen Bruttosozialprodukt und hohem Lebensstandard werden als Empfängerländer aufgezeigt. Aus der Abbildung kann man einen Zusammenhang zwischen Armut und der Wahrscheinlichkeit Organspender zu werden sowie zwischen Wohlstand und der Wahrscheinlichkeit Organempfänger zu werden herstellen

B2 Stellen Sie Vermutungen über die Beweggründe von Menschen an, einer illegalen Nierenentnahme zuzustimmen!
Große soziale Ungleichheit und Hoffnungslosigkeit sind oft Ursachen für den riskanten Eingriff. Schulden oder gesellschaftliche Zwänge wie die Mitgiftzahlungen, aber auch ein verzweifelter Aufstiegswille können eine solche Entscheidung beeinflussen. Dabei kann der Wunsch nach einem Statussymbol wie zum Beispiel einem Marken-Smartphone so groß sein, dass die Organhändler wenige Argumente nennen müssen. Die Spender werden in der Regel über die Risiken der Operation und die mittel- bis langfristigen gesundheitlichen Folgen unzureichend aufgeklärt. Mangelnde medizinische Nachsorge und die eingeschränkte Leistungsfähigkeit haben vielfach die Folge, dass der prozentual winzige Anteil des Geldes rasant schnell aufgebraucht ist. Anschließend ist die Lebensqualität noch schlechter und die Armut nimmt unter Umständen sogar zu.

B3 Recherchieren Sie Argumente, die für und gegen die Legalisierung des Organhandels mit Nieren sprechen!
Die Schüler sollen die Argumente selbstständig recherchieren, dabei sind verschiedene Lösungen möglich:
Für die Legalisierung:
- offener Handel würde den Schwarzmarkt schädigen und langfristig verschwinden lassen
- gezielte gesetzliche Regelungen können zu verbessertem Schutz und besserer Nachsorge der Spender führen
- Einkommensgrenzen können zum Ausschluss von Spendern führen, wodurch die Not mancher Menschen nicht mehr ausgenutzt werden kann

– Regelungen zu Einkäufern von Organen, z. B. Krankenkassen können verhindern, dass Zweiklassenmedizin entsteht

Gegen die Legalisierung:

– Händler können Armut oder widrige Lebensumstände von potentiellen Spendern ausnutzen
– arme Spender sind eher ungebildet und erkennen Tragweite ihrer Entscheidung nicht
– solchen Spendern würde nur ein geringer Prozentsatz des Erlöses zukommen

Organe sind teuer und nur wohlhabende Personen können sich diese leisten, was zu einer Zweiklassenmedizin führt.

B4 Nehmen Sie Stellung zur Legalisierung des Organhandels mit Nieren

Aufgrund ihrer Recherche sollen die Schüler nun begründete Stellung nehmen, ob Sie für oder wider den legalisierten Organhandel sind.

3 Der Zellkern – Steuerungszentrale der Zelle

Erforschung der Bedeutung des Zellkerns

Seite 58–60

1 Stellen Sie die Fragestellungen und die methodischen Verfahren der verschiedenen historischen Experimente tabellarisch zusammen!

Modellorganismus	Fragestellungen	Methode
Acetbularia	Bedeutung des Zellkerns bei Einzellern. Welche Zellbestandteile steuern die Merkmalsausbildung? Bestimmt das Zytoplasma oder der Zellkern die Merkmale der Zelle?	Regenerationsfähigkeit nach Amputation, Kerntransfer
Molch (Amphibien)	Verändern sich Zellkerne durch Zellteilung und Zelldifferenzierung? Verlieren Zellkerne im Laufe der Entwicklung eines Vielzellers Steuerungsfähigkeiten (Totipotenz)? Gehen im Laufe der Differenzierung Erbinformationen/Fähigkeiten des Zellkerns verloren?	Embryosplitting an Vielzellern, Schnürexperimente, Zellkerntransfer
Xenopus	Besitzen die Zellkerne von differenzierten, spezialisierten Zellen die gesamte Erbinformation?	Somatischer Zellkerntransfer

2 Fassen Sie die Ergebnisse zur Bedeutung des Zellkerns zusammen!
Zusammengefasst lassen die verschiedenen Ergebnisse der verschiedenen Experimente folgende Schlussfolgerungen über die Bedeutung des Zellkerns zu:
- Zellkernhaltige Bereiche einer Zelle sind die
- Voraussetzung für längeres Überleben, Entwickeln und Differenzieren.
- Der Zellkern in eukaryotischen Zellen steuert die Ausbildung von Merkmalen und Funktionen der Zelle.
- Der Zellkern enthält die genetische Information.
- Die Zellkerne in Zygoten sind totipotent.
- Der Zellkern steuert bei Vielzellern die Entwicklung und Differenzierung.
- Die Zellkerne somatischer Zellkerne enthalten noch die gesamte Erbinformation. Sie können durch Zellkerntransfer in eine befruchtete Eizelle reprogrammiert werden.
- Der Zellkern beeinflusst Prozesse im Zytoplasma. Der Zellkern wird in seinen Möglichkeiten jedoch auch durch das Zytoplasma beeinflusst. Zellkern und Zytoplasma stehen in Wechselwirkung zueinander.

Seite 61 (Material)

Material A – Zellkerntransfer zwischen zwei *Acetabularia*-Arten

A1 Beschreiben Sie die Durchführung und die Ergebnisse der Experimente!
Es handelt sich bei diesen Versuchen um Propfungsexperimente. Auf ein kernhaltiges Rhizoid von *A. crenulata* wird ein Stil von *A. acetabulum* aufgepfropft und die Entwicklung in den nächsten Wochen beobachtet. Es bildete sich nach einiger Zeit ein Schirm, der Merkmale von beiden Arten besitzt. Er wird als intermediärer Schirm bezeichnet. Wird dieser abgeschnitten, so regeneriert die Zelle nach einiger Zeit einen Schirm, der nur noch die Merkmale von *A. crenulata* aufweist.

A2 Formulieren Sie die Fragestellung des Experiments, die mithilfe dieser Experimente geklärt werden kann!
HÄMMERLING kombinierte einen zellkernhaltigen Teil einer Zelle mit Teilen einer anderen Zelle. Er beobachtete die Entwicklung von Merkmalen. Er untersuchte die Frage, welcher Teil der Zelle die Merkmalsausprägung steuert. Die Fragestellung könnte lauten: „Entwickelt die Zelle einen Hut entsprechend a) der Herkunft des Stiels? b) der Herkunft des Zellkerns?“ Übergreifend untersuchte HÄMMERLING damit die Frage nach der Bedeutung des Zellkerns für die Merkmalsausbildung.

A3 Deuten Sie die Ergebnisse am Ende des Experiments! Entwickeln Sie dazu Hypothesen, die die Entstehung der neuen Hutform erklären!
Deutung: Durch das Experiment besteht die Zelle aus einer Kombination von zwei verschiedenen Arten. Da die Merkmale des sich entwickelnden Hutes am Ende denen der *A. crenulata* entspricht, lässt sich schlussfolgern, dass der kernhaltige Fuß die Ausbildung der artspezifischen Merkmale steuert.
Hypothese: Die Entstehung eines Hutes, der zunächst die Merkmale beider Arten aufweist, lässt die Annahme zu, dass das Zytoplasma des Stiels chemische Stoffe enthält, die bereits ausgebildet waren und vermutlich vom Zellkern gebildet worden waren, als der Stiel von *A acetabulum.* abgeschnitten und übertragen wurde. Dafür spricht auch, dass nach einem erneuten Abschneiden sich nur ein Hut mit den Merkmalen der Art *A. crenulata* regeneriert.

A4 Entwickeln Sie experimentelle Ideen zur Überprüfung Ihrer Hypothese!

Wenn die Hypothese zur Erklärung des Auftretens eines intermediären Hutes, dass chemische Stoffe im Stiel Einfluss auf die Entwicklung des Hutes haben, überprüft werden soll, dann lassen sich verschiedene experimentelle Ideen zur Überprüfung der Hypothese entwickeln:

- Überprüfung, ob das Ergebnis mit der umgekehrten Kombination dasselbe Ergebnis ergibt (Kontrollexperiment).
- Einsatz eines Giftstoffs, der die Synthese von chemischen Stoffen des Zellkerns unterbindet.
- Übertragung verschieden großer Stielstücke – mit mehr beziehungsweise weniger Substanz, um zu überprüfen, ob dies einen Einfluss auf die Hutmerkmale hat.
- Übertragung von unteren und oberen (apikalen) Stielstücken (Annahme: unterschiedliche Verteilung der Substanz).
- Zytologische Untersuchungen des Zellplasmas auf arttypische Hinweise.

Material B – Gewinnung von Ersatzgewebe?

B1 Vergleichen Sie die Schritte des reproduktiven Klonens beim Krallenfrosch mit dem therapeutischen Klonen!

	Reproduktives Klonen bei Xenopus	Therapeutisches Klonen aus Hautzellen
1.	Entnahme von Zellkernen aus somatischen Zellen (Spenderzelle)	Entnahme von Zellkernen aus somatischen Zellen (Spenderzelle)
2.	Entkernen einer Eizelle beziehungsweise Zygote (Empfängerzelle)	Entkernen einer Eizelle beziehungsweise Zygote (Empfängerzelle)
3.	Zellkerntransfer in Empfängerzelle	Zellkerntransfer in Empfängerzelle
4.	Entwicklung im Labor bis zum erwachsenen Organismus	Elektrische Aktivierung der Eizelle und Entwicklung im Labor bis zum Embryostadium der somatischen Zellen (Blastozyste)
5.		Embryosplitting oder Entnahme von embryonalen Stammzellen aus dem Embryo
6.		Übertragen in Petrischalen/ Kulturschalen mit Differenzierungsfaktoren
7.	Zielsetzung/ Ergebnisse: Erzeugen von Klonen des Zellkernspenders, Reaktivierung und Reprogrammierung des Zellkerns, Reproduktion	Zielsetzung/ Ergebnisse: Gewinnung von Stammzellen aus geklonten Embryonen, Bildung von differenzierten Zellen, differenzierte Zellen werden transplantiert (Ersatz für geschädigtes Gewebe)

B2 Deuten Sie die Ergebnisse im Hinblick auf die Bedeutung des Zellkerns!

Der transferierte Zellkern ist reprogrammiert. Obwohl er aus einer differenzierten Hautzelle, einer Körperzelle, entnommen wurde, enthält er die Fähigkeit, die Entwicklung zu einem menschlichen Embryo zu steuern. Da die embryonalen Zellen angeregt werden können, sich zu verschiedenen Gewebezellen zu differenzieren, besitzt der Zellkern die gesamte Erbinformation zur Entwicklungssteuerung und Differenzierung. Offensichtlich entfaltet der Zellkern seine Potenz jedoch in Abhängigkeit von Zytoplasma und dem umgebenden Medium.

B3 Nennen Sie Argumente, die trotz der Hoffnungen gegen die Erlaubnis von therapeutischen Klonen sprechen!

Das Embryonenschutzgesetz verbietet die Nutzung von menschlichen Embryonen. Mögliche Aspekte:

- Bezug zum Grundgesetz: Unantastbarkeit der menschlichen Würde, Schutz des Lebens.
- Zucht von menschlichen Embryonen unter Nützlichkeitsaspekten widerspricht der Einzigartigkeit und Würde des Menschen.
- Zerstörung von menschlichen Embryonen widerspricht der Unantastbarkeit menschlichen Lebens und dem Schutz von Leben.
- Künstliches Herstellen von menschlichen Klonen widerspricht dem Grundrecht auf menschliche Würde.

Teilung von Zellkern und Zelle

Seite 62–65

1 Vergleichen Sie die unterschiedlichen Teilungsraten der verschiedenen Zelltypen!

Der Gesamtzyklus von Knochenmark- und Dünndarmzellen ist mit 13 beziehungsweise 17 Stunden verhältnismäßig kurz. Der gesamte Zyklus der Dickdarmzellen dauert 33 Stunden. Hautzellen teilen sich alle 1000 Stunden, was einer Zeitspanne von etwa 41 Tagen entspricht. Der Zyklus der Leberzellen von 10 000 Stunden entspricht einem Zeitraum von mehr als 13 Monaten.

Für die unterschiedliche Dauer der Zellzyklen sind ausschließlich die unterschiedlichen G1-Phasen verantwortlich. Die Synthesephasen mit jeweils acht Stunden, die G2-Phasen mit jeweils zwei Stunden und die Mitosen mit jeweils einer Stunde laufen bei allen Zelltypen in gleich langen Zeiträumen ab.

2 Erläutern Sie den Ablauf des Zellzyklus und die jeweils stattfindenden Prozesse!

Der Zellzyklus gliedert sich in die Interphase und die Mitose. Die Interphase wiederum gliedert sich in drei

Unterphasen, die als G_1-Phase, S-Phase und G_2-Phase bezeichnet werden. Während der G_1-Phase finden Protein- und RNA-Synthesen statt und die Zelle wächst. Die DNA liegt in ihrer Arbeitsform entspiralisiert als fadenförmige Struktur vor. Während der S-Phase oder auch Synthesephase wird die DNA, das genetische Material, verdoppelt. In der G_2-Phase werden Proteine synthetisiert, die für die Zellteilung wichtig sind. Gleichzeitig setzt sich das Zellwachstum fort. An die G_2-Phase schließt die Mitose an, die sich in Prophase, Prometaphase, Metaphase, Anaphase und Telophase gliedert.
Zu Beginn der Mitose, der Prophase, verdichtet sich die DNA zu den Zwei-Chromatiden-Chromosomen und die Nukleoli lösen sich auf. Zu diesem Zeitpunkt sind die Zwei-Chromatiden-Chromosomen und die Nukleoli lichtmikroskopisch sichtbar. Die Ein-Chromatiden-Chromosomen sind über das Zentromer miteinander verbunden. Gleichzeitig bildet sich der Spindelfaserapparat. Während der Prometaphase lösen sich die Kernhülle und die Nukleoli auf und die Spindelfasern binden an die Kinetochoren der Chromosomen. Anschließend ordnen sich die Chromosomen in der Äquatorialebene der Zelle an. Dies ist die Metaphase. Die Zwei-Chromatiden-Chromosomen werden in der darauffolgenden Anaphase mithilfe des Spindelfaserapparates zu den jeweiligen Zellpolen gezogen, sodass sich dort am Ende der Anaphase je ein vollständiger Chromosomensatz befindet. In der abschließenden Telophase werden die Spindelfasern abgebaut, die Kernhüllen und Nukleoli werden sichtbar und die Chromosomen entspiralisieren sich. Nach der Mitose erfolgt die eigentliche Zellteilung, die Zytokinese.

3 Erklären Sie anhand der Funktion der unterschiedlichen Spindelfasern die Bedeutung des Zytoskeletts für die Mitose!

Der Spindelfaserapparat besteht aus drei verschiedenen Spindelfasertypten, den Kinetochor-Mikrotubuli, den Pol-Mikrotubuli und den Astral-Mikrotubuli.
Die Kinetochor-Mikrotubuli binden in der Prometaphase an die Kinetochoren der Chromosomen. Während der Anaphase werden diese Mikrotubuli an den Kinetochoren abgebaut. Das hat zur Folge, dass sich die Mikrotubuli verkürzen und damit die Zwei-Chromatiden-Chromosomen auseinandergezogen werden.
Die Pol-Mikrotubuli verlaufen von den Zentrosomen zur Zellmitte. Dort überlappen die Pol-Mikrotubuli beider Zellpole. In der Überlappungszone gleiten diese Mikrotubuli während der Anaphase durch Motorproteine aneinander vorbei. Gleichzeitig verlängern sie sich. Dadurch vergrößert sich der Abstand der Zentrosomen. Die Ein-Chromatid-Chromosom werden auseinandergezogen.
Die Astral-Mikrotubuli verankern den Spindelfaserapparat in der Zelle und stabilisieren somit den Spindelfaserapparat während der Mitose.

Seite 66–67 (Material)

Material A – Mitosestadien

A1 Begründen Sie, welche Phasen der Mitose in den mikroskopischen Aufnahmen dargestellt sind!

Die Abbildungen zeigen den chronologischen Ablauf der Mitose.
Abbildung A zeigt die Prophase, in der die Nukleoli noch sichtbar sind und die Chromatinfäden sich schraubenförmig zu Chromosomen aufwinden.
Abbildung B zeigt die Prometaphase. Die Chromosomen verdichten sich weiter und sind deutlich sichtbar. Der Spindelfaserapparat ist zu erkennen.
Abbildung C zeigt die Metaphase. Die Zwei-Chromatiden-Chromosomen liegen in der Äquatorialebene vor und werden noch am Zentromer zusammengehalten.
Abbildung D zeigt die frühe Anaphase. Die Zwei-Chromatiden-Chromosomen beginnen sich voneinander zu trennen.
Abbildung E zeigt die späte Anaphase. An den Zellpolen liegt nun ein vollständiger Satz Ein-Chromatiden-Chromosomen vor.
Abbildung F-H zeigt die Telophase. Die Spindelfasern liegen noch teilweise vor, und die Zytokinese beginnt. Die Kernmembran wird gebildet und die Ein-Chromatiden-Chromosomen entwinden sich zu Chromatinfäden.
Abbildung I zeigt das Ende der Telophase. Die Zytokinese ist abgeschlossen. Zwei Zellen mit Zellkernen und Kernkörperchen sind zu erkennen.

A2 Benennen Sie die im Diagramm mit Buchstaben versehenen Abschnitte des Zellzyklus und erläutern Sie, was in den einzelnen Abschnitten in der Zelle geschieht!

Die Grafik stellt die Veränderung des DNA-Gehalts einer Zelle im Laufe des Zellzyklus dar. In den Phasen A, E und I wird der relative DNA-Gehalt der Zellen mit dem Wert 1 angegeben. Das bedeutet, dass sich die Zellen in der G_1-Phase der Interphase befinden. In den Abschnitten B und F steigt der relative DNA-Gehalt von 1 auf 2 an. Das bedeutet, dass sich der DNA-Gehalt in der Zelle verdoppelt hat. Die Zelle befindet sich jeweils in der S-Phase, der Synthesephase. An die Synthesephasen schließen sich die Phasen C und G an. Diese Abschnitte entsprechen der G_2-Phase des Zellzyklus.
In den Phasen D und H sinkt der relative DNA-Gehalt in kurzer Zeit vom Wert 2 auf den Wert 1. In diesen Phasen läuft die Teilung des Zellkerns, die Mitose ab.

A3 Stellen Sie eine Hypothese auf, um welchen Zelltyp es sich bei den Zellen im Diagramm jeweils handeln könnte! Nehmen Sie Ihre Kenntnisse zum Zellzyklus zu Hilfe!

Aus der Grafik geht hervor, dass ein Zellzyklus, beginnend mit der Phase E bis einschließlich der Phase H ungefähr 33 Stunden dauert. Dies entspricht der Zyklusdauer der Dickdarmzellen. Auch die Dauer der einzelnen Phasen entspricht mit 22 Stunden für die G1-Phase, 8 Stunden für die S-Phase, 2 Stunden für die G2-Phase und 1 Stunde für die Mitose den für Dickdarmzellen angegebenen Werten. Daher ist anzunehmen, dass es sich um Dickdarmzellen handelt oder um Zellen, deren Teilungsrate der der Dickdarmzellen entspricht.

Material B – Wirkung von Taxol

B1 Beschreiben Sie die Bedeutung des Spindelfaserapparates für die Mitose und erläutern Sie die Auswirkung von Taxol!

Der Spindelfaserapparat ist für den Mitoseablauf notwendig. Die Kinetochor-Mikrotubuli binden an die Kinetochore der Zwei-Chromatid-Chromosomen. Durch den Abbau dieser Mikrotubuli während der Anaphase verkürzen sie sich und die Ein-Chromatiden-Chromosomen werden zu den Zellpolen gezogen. Gleichzeitig werden die Pol-Mikrotubuli in der Überlappungszone verlängert. Das hat zur Folge, dass die Zentrosomen in Richtung der Zellpole wandern und mit ihnen die Ein-Chromatiden-Chromosomen.

Taxol bindet an die Bausteine der Mikrotubuli. Hierdurch werden die Mikrotubuli stabilisiert und können nicht mehr abgebaut werden. Die Kinetochor-Mikrotubuli können deshalb nicht dazu beitragen, die Ein-Chromatiden-Chromosomen zu den Zellpolen zu ziehen. Außerdem wird der Spindelfaserapparat in der Telophase nicht abgebaut.

B2 Erklären Sie anhand des Ablaufs der Mitose den DNA-Gehalt in den Zellkulturen vor und nach Einwirkung von Taxol!

Der DNA-Gehalt der Zellkultur gibt wieder, wie hoch der Anteil der Zellen in der jeweiligen Phase des Zellzyklus ist. In Abbildung A ist die Verteilung des DNA-Gehalts von Tumorzellen vor der Einwirkung von Taxol erkennbar. Man sieht, dass etwa 35 Prozent der Zellen einen relativen DNA-Gehalt von 1 haben. Das bedeutet, dass sich diese Zellen in der G1-Phase der Interphase befinden. Ungefähr 15 Prozent der Zellen haben einen relativen DNA-Gehalt von 2. Bei diesen Zellen ist die Synthesephase beendet. Sie befinden sich in der G_2-Phase. Alle anderen Zellen befinden sich in unterschiedlichen Stadien der Synthese-phase. Bei ihnen ist der relative DNA-Gehalt größer als 1, aber geringer als 2.

Abbildung B zeigt die Verteilung des relativen DNA-Gehalts nach Einwirkung von Taxol. Ungefähr 20 Prozent dieser Zellen haben einen relativen DNA-Gehalt von 1. Diese Zellen befinden sich in der G1-Phase. Ungefähr 80 Prozent der Tumorzellen befinden sich in der G_2-Phase. Sie haben einen relativen DNA-Gehalt von 2. Keine Zelle dieser Zellkultur befindet sich in der Synthesephase.

Da Taxol den Spindelfaserapparat verändert, können sich die Zellkerne dieser Zellkultur nicht mehr teilen. Die DNA-Synthese wird jedoch nicht beeinflusst. Das hat zur Folge, dass die Zellen nach der Synthesephase im G_2-Stadium verharren. Bei ungefähr 20 Prozent der Zellen, die sich im G_1-Stadium befinden, hat die Synthesephase noch nicht begonnen.

B3 Erklären Sie die Nebenwirkungen von Taxol anhand der Zellzyklusdauer der verschiedenen Zellen!

Die dargestellten Nebenwirkungen, wie Übelkeit, Erbrechen und Durchfall stehen im Zusammenhang mit dem Magen-Darm-Trakt. Andere Nebenwirkungen, wie Müdigkeit, körperliche Schwäche, Blut in Stuhl und Urin sowie Anfälligkeit für Infektionen stehen im Zusammenhang mit den verschiedenen Blutzellen.

Die Nebenwirkungen von Taxol lassen sich mit der Lebensdauer der Zellen erklären. Sie ist bei Knochenmarkzellen, Dünndarm- und Dickdarmzellen mit 13, 17 und 33 Stunden sehr kurz. Es müssen ständig neue Zellen gebildet werden. Daher befinden sich viele dieser Zellen in der Mitose. Sie werden von Taxol genauso geschädigt, wie die Krebszellen. Da Haarausfall als weitere Nebenwirkung genannt wird, ist anzunehmen, dass die für die Haar-bildung wichtigen Zellen ebenfalls eine kurze Lebensdauer haben.

B4 Stellen Sie anhand des Zellzyklus eine Hypothese auf, weshalb Taxol nicht alle Tumorzellen erreichen kann!

Vergleicht man die Zeiträume der einzelnen Phasen des Zellzyklus miteinander, so fällt auf, dass die Mitose nur einen kurzen Zeitraum einnimmt. Die G1-Phase ist bei fast allen menschlichen Zellen die am längsten andauernde Phase. Bei der im Material beschriebenen Tumorzelllinie befindet sich ein Anteil von 20 Prozent der mit Taxol behandelten Zellen in der G_1-Phase. Bei diesen Zellen kann Taxol nicht wirken, da sie keinen Spindelfaserapparat aufgebaut haben. Wenn bei den Zellen die Mitose erst dann einsetzt, nachdem das Medikament bereits abgesetzt wurde, wird ihr Spindelfaserapparat funktionsfähig bleiben. Kern- und Zellteilung können ungehindert ablaufen.

Vom Chromosom zur DNA

Seite 68–70

1 Beschreiben Sie den Bau der DNA!

Die DNA besteht aus zwei Strängen, die schraubenförmig als Doppelhelix antiparallel umeinandergewunden sind. Beide Stränge sind aus Nukleotiden aufgebaut. Jedes Nukleotid besteht aus einem Zucker namens Desoxyribose, einem Phosphatrest und einer organischen Base.

In den Nukleotiden kommen vier verschiedene organische Basen vor, Adenin, Cytosin, Guanin und Thymin. Cytosin und Thymin gehören zu den Pyrimidinen. Sie bestehen aus einem Ring. Adenin und Guanin gehören zu den Purinen und bestehen aus zwei Ringen.

Die Nukleotide sind über die Desoxyribose und den Phosphatrest miteinander verknüpft und bilden somit eine kettenförmige Struktur.

In der Doppelhelix stehen sich jeweils immer die beiden Basen Adenin und Thymin sowie Cytosin und Guanin als komplementäre Basenpaare gegenüber.

Die Verbindung der beiden DNA-Stränge erfolgt über schwache Bindungen, die Wasserstoffbrückenbindungen. Dabei sind Adenin und Thymin über jeweils zwei Wasserstoffbrücken und Cytosin und Guanin über drei Wasserstoffbrücken miteinander verbunden.

2 Beschreiben Sie den Ablauf der DNA-Replikation!

Bei der DNA-Replikation wird die DNA-Doppelhelix durch ein Enzym, die Helikase, wie ein Reißverschluss geöffnet. An den nun frei liegenden Einzelsträngen werden anschließend neue komplementäre DNA-Stränge synthetisiert. Dies erfolgt durch das Enzym DNA-Polymerase. Es gleitet am DNA-Einzelstrang entlang und setzt nacheinander die passenden Nukleotide an den wachsenden komplementären Strang. So entsteht aus beiden Einzelsträngen jeweils ein neuer DNA-Doppelstrang.

Da die DNA-Polymerase den neuen Nukleotidstrang nur in 5′-3′-Richtung verlängern kann, findet die Neusynthese nur an einem der gegenläufigen Stränge kontinuierlich statt. Am anderen Strang erfolgt die Synthese diskontinuierlich, indem kurze Nukleotidstücke hergestellt werden, die Okazaki-Fragmente. Sie werden anschließend durch das Enzym Ligase miteinander verbunden.

Seite 71 (Material)

Material A – Experimente von MESELSON und STAHL

A1 Beschreiben Sie die Durchführung des Experiments und begründen Sie, welches Modell bestätigt wurde!

Zunächst werden *E. coli* Bakterien in einem Nährmedium gezüchtet, welches das schwere Stickstoffisotop ^{15}N enthält. Da die Basen der DNA unter anderem aus Stickstoffatomen bestehen, enthält die in diesem Medium gebildete DNA ausschließlich das schwere Isotop ^{15}N.

Im nächsten Schritt wurden die Bakterien in ein Nährmedium überführt, welches das leichte Stickstoffisotop ^{14}N enthielt. Vor der ersten Zellteilung, nach einer Zellteilung und nach zwei Zellteilungen wurden Bakterien aus der Nährlösung entnommen und deren DNA isoliert.

Die isolierte DNA trennten die Forscher mithilfe der Dichtegradientenzentrifugation.

Die in dem Medium mit ^{15}N gezüchteten Bakterien setzten sich im Zentrifugengläschen weit unten ab, da sie ausschließlich schwere DNA hoher Dichte enthielten.

Die nach einer Zellteilung isolierte DNA setzte sich in einer mittleren Höhe im Zentrifugengläschen ab. Das heißt, die DNA hat eine geringere Dichte als vor der ersten Teilung, sie ist halbschwer.

Nach der zweiten Teilung waren im Zentrifugengläschen zwei Banden zu erkennen. Eine Bande, die einer halbschweren DNA entspricht und eine Bande, die einer leichten DNA entspricht.

Die Verteilung der DNA im Zentrifugengläschen lässt sich nur mit dem semikonservativen Modell der DNA-Replikation erklären. Da die DNA nach einer Zellteilung aus einem alten schweren Strang und einem neuen leichten Strang besteht, muss sie halbschwer sein.

Nach einer weiteren Zellteilung entsteht aus der halbschweren DNA eine neue halbschwere und eine neue leichte DNA.

Zusatzinformation: Die Bezeichnung Isotop leitet sich daraus ab, dass zwei oder mehrere Atome am gleichen Ort im Periodensystem lokalisiert sind. Stickstoff steht in der zweiten Periode in der fünften Hauptgruppe. Die für das Experiment von MESELSON und STAHL verwendeten Isotope ^{14}N und ^{15}N unterscheiden sich lediglich in ihre Masse. Der Atomkern von ^{14}N enthält neben sieben Protonen sieben Neutronen. Die Summe von Protonen und Neutronen ergibt die Masse 14. Der Atomkern von ^{15}N enthält sieben Protonen und acht Neutronen. Daher ergibt sich die Masse 15. Als Stickstoffquelle für die Bakterien wurde Ammoniumchlorid verwendet, NH_4Cl.

A2 Erklären Sie, wie die Verteilung der DNA bei den anderen Modellen ausgesehen hätte!

Wenn das konservative Modell zutreffen würde, müssten bereits nach der ersten Zellteilung zwei Banden im Zentrifugengläschen sichtbar sein. Eine Bande müsste weit unten zu erkennen sein, da die alte schwere DNA erhalten geblieben wäre und eine zweite Bande hätte sich weit oben gebildet, da die neu gebildete DNA ausschließlich aus den leichten Bausteinen ^{14}N synthetisiert worden wäre. Nach zwei Zellteilungen wären ebenfalls zwei Banden an den gleichen Orten erkennbar gewesen. Allerdings wäre die Bande für die leichte DNA stärker ausgeprägt.

Wenn die DNA-Replikation dem dispersen Modell entsprechen würde, hätte man nach einer Zellteilung wie bei der semikonservativen Replikation im Zentrifugen-gläschen nur eine Bande für halbschwere DNA erkennen können. Erst nach der zweiten Zellteilung wäre gegenüber dem semikonservativen Modell ein Unterschied sichtbar. Da alle neuen DNA-Doppelstränge neben der neu synthetisierten leichten DNA noch einen geringen Teil der alten, schweren DNA enthalten würden, muss man annehmen, dass nur eine Bande in den Zentrifugengläschen zwischen halbschwerer und leichter DNA sichtbar wäre.

Zellen mit und ohne Zellkern

Seite 72–74

1 Erläutern Sie die Begriffe Prozyte, Euzyte, Prokaryot und Eukaryot!

Mit dem Begriff Prozyte bezeichnet man Zellen, die keinen echten Zellkern besitzen. Prokaryoten sind Lebewesen, die aus Prozyten bestehen. Da Prokaryoten in der Regel Einzeller sind, wird der Begriff Prozyte auch benutzt, wenn Prokaryoten gemeint sind. Zu den Prokaryoten zählen Bakterien, Cyanobakterien und Archaeen.
Euzyten sind Zellen mit einem echten Zellkern. Eukaryoten bezeichnet man dementsprechend Lebewesen, deren Zellen einen Zellkern besitzen.

2 Beschreiben Sie, worin die Komplexität der Euzyten besteht!

Euzyten besitzen im Zellinneren erheblich mehr strukturierte Bereiche, die von Membranen oder sogar doppelten Membranen abgegrenzt sind. Dazu gehören Zellkern, Mitochondrien, Chloroplasten (bei Pflanzen), Endoplasmatisches Retikulum und der Golgi-Apparat sowie (bei Pflanzen) Vakuole(n).
All diese Organellen gibt es bei Prokaryoten nicht. Manchmal ist bei Prokaryoten allerdings die Zellmembran deutlich eingefaltet und bei Cyanobakterien gibt es ein Membransystem, das der Thylakoidmembran von Chloroplasten ähnelt.

3 Erläutern Sie die Bedeutung der Prozyten anhand von zwei Beispielen!

Individuelle Schülerantworten möglich
Einzelne Bakterienarten sind zwar sehr spezialisiert und daher in ihrer Wirkung begrenzt. Insgesamt jedoch verfügen alle Bakterienarten zusammen über Fähigkeiten, die zum Teil weit über die Möglichkeiten von Euzyten hinausgehen. So können beispielsweise Rhizobien mit den Wurzeln von Schmetterlingsblütlern Wurzelknöllchen bilden. Dort leben sie mit den Schmetterlingsblütlern in Symbiose und reduzieren Luftstickstoff zu Ammonium. Ammonium ist eine Stickstoffquelle für Pflanzen. Die dafür erforderliche Energie erhalten sie aus Kohlenhydraten aus den Wurzeln der Pflanzen. Auf diese Weise können Schmetterlingsblütler auch auf stickstoffarmen Böden gedeihen. Viele Archaeen sind Bewohner extremer Lebensräume. Es gibt Archaeen, die in einem Temperaturbereich von 100 Grad Celsius Schwefelwasserstoff oxidieren und damit in heißen Quellen der Tiefsee eine Stoffproduktion ermöglichen. Dadurch entsteht ein Ökosystem an den heißen Quellen, das sonst nicht existieren könnte.

Seite 75 (Material)

Material A – Bakterien und Cyanobakterien

A1 Beschreiben und benennen Sie die in den beiden Prozyten erkennbaren Strukturen! Vergleichen Sie diese hinsichtlich Verteilung, Häufigkeit und relativer Größe!

Die Form des Bakteriums – in der Fläche – ist länglich oval, die des Cyanobakteriums kreisrund. Das Bakterium ist größer. In beiden Zellen sind helle Bereiche zu erkennen, die den Nukleoiden zuzurechnen sind. Bei dem Bakterium ist dieser Bereich größer und liegt zentral. In beide Zellen sind dunkle Punkte zu sehen, die wahrscheinlich Ribosomen zeigen. In der Bakterienzelle sind diese Punkte größer, häufiger und gleichmäßiger verteilt. In Cyanobakterien gibt es mehrere parallel nebeneinander liegende Linien, die kreisförmig geschwungen um einen gedachten Mittelpunkt verlaufen. Es handelt sich dabei vermutlich um Membranen, die Fotosynthesepigmente aufweisen. Beim Bakterium treten diese Strukturen nicht auf.

A2 Begründen Sie, dass die parallelen Linien bei *Synechocystis* spec. zu Strukturen gehören können, die mit Fotosynthese zu tun haben!

Synechocystis ist ein Cyanobakterium. Cyanobakterien sind autotroph und betreiben Fotosynthese. Dafür benötigen sie Farbpigmente, die auf bestimmten räumlichen Strukturen angeordnet sind. Diese Strukturen ähneln den Membranen in Chloroplasten und sind demnach wahrscheinlich die Orte, an denen Fotosynthese stattfindet.

A3 Berechnen Sie das Volumen einer *E. coli* Zelle mithilfe der Längenangabe und unter der Annahme, dass die Zellen zylindrisch sind!

Die *E. coli* Zelle ist etwa 2,2 µm lang und hat einen Durchmesser von 0,8 µm. Daraus ergibt sich ein Volumen von: $V = \pi r^2 \cdot l$; $V = 3{,}14 \cdot 0{,}4^2 \cdot 2{,}2\ \mu m = 1{,}1\ \mu m^3$.

A4 Berechnen Sie das Volumen aller *E. coli* Zellen, die theoretisch nach einem Tag Wachstum aus einer Zelle entstehen können! Diskutieren Sie, weshalb dieses Szenario nicht eintritt!

Ein Tag hat 24 Stunden. Wenn sich eine *E. coli* Zelle alle 20 Minuten teilt, finden an einem Tag $24 \cdot 3 = 72$

Teilungen statt. Damit entstehen an einem Tag 2^{72} *E. coli* Zellen. Die 2^{72} Zellen sind etwa $4{,}7 \cdot 10^{21}$ Zellen. Jede dieser Zellen hat ein Volumen von 1,1 μm^3. Das Volumen aller aus einer *E. coli* Zelle nach einem Tag entstandenen Zellen beträgt $4{,}7 \cdot 10^{21} \cdot 1{,}1\ \mu m^3 = 5{,}2 \cdot 10^{21}\ \mu m^3$.
$1\ m^3 = 10^9\ mm^3 = 10^{18}\ \mu m^3$.
$5{,}2 \cdot 10^{21}\ \mu m^3 = 5{,}2 \cdot 10^{21} : 10^{18}\ m^3 = 5.200\ m^3$.
Nach einem Tag entstehen bei optimalen Bedingungen $4{,}7 \cdot 10^{21}$ *E. coli* Zellen mit einem Gesamtvolumen von 5.200 m^3. Dieses Volumen entspricht einem Würfel von gut 17 Meter Kantenlänge.
Dieses Szenario tritt nicht ein, weil schon nach wenigen Stunden die Wachstumsbedingungen nicht mehr optimal wären. Die Nährstoffe gehen zur Neige und Ausscheidungsprodukte beeinträchtigen das Medium so sehr, dass nach einiger Zeit kein Wachstum mehr stattfinden kann.
Zusatzinformation: Bei der Lösung dieser Aufgabe geht es nicht um genaue Zahlen. Wichtig sind der Weg der Rechnung und die Erkenntnis, dass trotz der geringen Größe einer einzelnen Zelle die Vielzahl der exponentiell entstehenden Zellen zu einem riesigen Volumen führt.
Das berechnete Volumen berücksichtigt nicht die Zwischenräume, die bei der regelmäßigen (und noch mehr der unregelmäßigen) Anordnung der einzelnen Zellen entsteht.

Material B – *Nostoc*– ein besonderes Cyanobakterium

B1 Vergleichen Sie den Aufbau von *Nostoc commune* mit dem Cyanobakterium *Synechocystis spec.* aus Material A!
Nostoc ist eine Gattung von Cyanobakterien, deren Zellen fädige Kolonien bilden können, die in einer gelatineartigen Masse zusammengehalten werden. Sie besitzen außerdem größere Zellen, die Heterozysten, in denen die Stickstofffixierung stattfindet.
Synechocystis spec. dagegen besteht aus Einzelzellen. Spezielle Zellen für die Stickstoffassimilation gibt es nicht.

B2 Stellen Sie Vermutungen an, weshalb *Nostoc* häufig Symbiosepartner ist!
Durch die Fähigkeit, Luftstickstoff in eine nutzbare Stickstoffquelle umzuwandeln, besitzt *Nostoc* einen Wachstumsvorteil gegenüber den eukaryotischen Pflanzen, die nicht über diese Fähigkeit verfügen. Durch Symbiose mit *Nostoc* gelangen diese Lebewesen sozusagen in den Genuss, nutzbare Stickstoffverbindungen geliefert zu bekommen.

B3 Stellen Sie Vermutungen an, weshalb *Nostoc*-Arten im Spätsommer häufig an der Bildung der Algenblüte beteiligt sind!
Unter Algenblüte versteht man das massenhafte Auftreten von Algen, das in einem mineralstoffreichen See zu einer Sauerstoffzehrung führt. Da *Nostoc* bereits vor Auftreten der Algenblüte durch die Fähigkeit zur Fixierung von Luftstickstoff einen Konkurrenzvorteil besaß, sind bereits viele *Nostoc*-Algen im See vorhanden. Außerdem führen die Gelatine-Fäden zu einer Verklumpung, die für andere Algen hinderlich ist.

Geschlechtszellen

Seite 78–80

1 Vergleichen Sie den Bau und die Eigenschaften von Eizelle und Spermienzelle in Form einer Tabelle!

	Eizelle	Spermienzelle
Größe	120 bis 200 Mikrometer	Gesamtlänge 60 Mikrometer, davon 5 Mikrometer Kopfbereich
Form	rundlich	länglich, beweglich, mit Geißel
Aufbau	Zellkern; Zytoplasma – nährstoffreich – Zellmembran (umgeben von Follikelzellen).	drei unterscheidbare Abschnitte: Kopfteil mit Zellkern und Akrosom; Mittelteil mit Mitochondrien; Endteil mit Geißel
Beweglichkeit	nur passiv	aktiv
Bildungsort	Eierstock	Hoden
Chromosomensatz	1n= 23	1n= 23

2 Erläutern Sie die Bedeutung der genetischen Besonderheiten der Geschlechtszellen für die sexuelle Fortpflanzung!
Die Geschlechtszellen enthalten einen haploiden Chromosomensatz. Bei der Befruchtung und Verschmelzung des väterlichen und mütterlichen Vorkerns werden die Chromosomensätze zu einem diploiden Chromosomensatz kombiniert. Dabei stammt jeweils die Hälfte der genetischen Information vom Vater, die andere Hälfte von der Mutter. Da die einzelnen Gameten, die während der Meiose gebildet wurden, genetisch nicht gleich, sondern verschieden sind, kommt es zu einer Neukombination von genetischer Information.

Seite 81 (Material)

Material A – Spermatogenese – Reifung von Spermienzellen beim Menschen

A1 Ordnen Sie die Phasen der Meiose den Zahlen in der Abbildung der Spermatogenese zu! Beschreiben Sie die Abläufe A bis G!

1: Prophase I. Spindelfaserapparat bildet sich, Chromosomen werden sichtbar.

Pfeil A: Homologe Zwei-Chromatiden-Chromosomen lagern sich aneinander. Im Laufe der Prophase verdichten sich die Chromosomen und spiralisieren sich. Tetraden werden sichtbar. Nach Brüchen in den Ein-Chromatiden-Chromosomen kann es vorkommen, dass Chromosomenabschnitte ausgetauscht werden (*Crossing-over*).

2: Späte Prophase I. Spindelfaserapparat sichtbar. Homologe Chromosomen sind nun als Tetrade erkennbar. Die Kernhülle hat sich aufgelöst.

Pfeil B: Die Tetraden wandern in die Äquatorialebene. Chiasmata werden als Folge von *Crossing-over* sichtbar.

3: Metaphase I.

Pfeil C: Die Spindelfasern treten mit den Zentromeren der Chromosomen in Kontakt. Die Chromosomenpaare werden getrennt. Die Chromosomen bewegen sich zu den Zellpolen. Die Zahl der Zwei-Chromatiden-Chromosomen, die auf die Zellpole verteilt wird, ist nun auf die Hälfte reduziert (im Beispiel: von 2 n= 3 auf 1 n= 3).

4: Anaphase I.

Pfeil D: Die Chromosomen sammeln sich an den Polen, die Zellkörper werden geteilt. Bei der Spermatogenese findet die Zytokinese gleichmäßig statt, es entstehen gleichgroße Zellen. Die Zellen machen nur eine kurze Interphase durch, ohne dass die DNA verdoppelt wird.

5: Metaphase II. Die Zwei-Chromatiden-Chromosomen ordnen sich in der Äquatorialebene der beiden Tochterzellen an.

6: Anaphase II.

Pfeil E: Die Zwei-Chromatiden-Chromosomen werden getrennt und die Ein-Chromatiden-Chromosomen bewegen sich zu den Zellpolen.

7: Telophase II. Es bilden sich neue Kernhüllen. Jede Tochterzelle besitzt nun den haploiden Chromosomensatz.

Pfeil G: Nach einer Spermienreifung bilden sich die reifen haploiden Spermienzellen.

8: Reife haploide Spermienzellen.

A2 Erläutern Sie Gemeinsamkeiten und Unterschiede der Oogenese und der Spermatogenese!

Die Gemeinsamkeiten überwiegen: Beide Arten von Geschlechtszellen werden durch eine besondere Form der Zellteilung, die Meiose, gebildet. Allerdings werden Eizellen nur im weiblichen Körper in den Eierstöcken gebildet, männliche Geschlechtszellen nur in den Hoden. Die Meiose der Urgeschlechtszellen bei Oogenese und Spermatogenese laufen in Bezug auf die Verteilung der Chromosomen gleich ab: Sowohl die Reduktion des Chromosomensatzes in der 1. Reifeteilung als auch die Teilung der haploiden Zellen in zwei Tochterzellen entsprechen sich in beiden Vorgängen. Allerdings verlaufen die jeweiligen Zellteilungen bei der Oogenese unsymmetrisch. Eine der Zellen, die während der ersten Reifeteilung entsteht, erhält mehr Plasma als die andere. Nach der zweiten Reifeteilung liegen vier ungleich große Zellen vor, drei kleine Polkörper und eine große Eizelle. Nur diese kann zur Befruchtung kommen. Die Spermienzellen müssen nach der meiotischen Teilung noch einen Differenzierungs- und Reifeprozess durch-laufen, in dem sie ihre Gestalt verändern. Dabei ist die Umgestaltung der Zelle deutlich: Geißel und Akrosom werden gebildet, die Menge an Zytoplasma ist reduziert, die Mitochondrien des Zytoplasmas sammeln sich im Mittelstück. Im Kopfabschnitt befindet sich die genetische Information.

A3 Begründen Sie, dass die Meiose die Voraussetzung für sexuelle Fortpflanzung ist!

Bei der sexuellen Fortpflanzung verschmelzen zwei Zellen, die dann der Ausgangspunkt der Entwicklung eines neuen Lebewesens sind. Vor der Verschmelzung und Durchmischung der Chromosomensätze werden diese auf die Hälfte reduziert. Dies erfolgt bei Vielzellern in besonderen Organen, den Geschlechtsdrüsen, die bei den beiden Geschlechtern unterschiedliche Geschlechtszellen produzieren.

A4 Vergleichen Sie Mitose und Meiose und stellen Sie die Unterschiede übersichtlich tabellarisch dar! Skizzieren Sie dazu wesentliche Phasen, die die Unterschiede bedingen!

	Mitose	Meiose
Prophase	Spiralisierung der Zwei-Chromatiden-Chromosomen. In der kompakten Form werden Chromosomen sichtbar. Aufbau des Spindelfaserapparats	Spindelfaserapparat Paarung homologer Chromosomen. Bildung der Tetraden. Stückaustausch
Metaphase/ Anaphase	Anordnung in der Äquatorialebene der Zelle. Trennung der Zwei-Chromatiden-Chromosomen und Verteilung der Ein-Chromatiden-Chromosomen auf die beiden Zellpole	Metaphase I und Anaphase I Anordnung der Tetraden (gepaarte homologen Chromosomen) in der Äquatorialebene Trennung der Chromosomen, Verteilung von Zwei-Chromatiden-Chromosomen auf die Zellpole Reduktion des Chromosomensatzes von 46 auf 23
Telophase	Beginn der Bildung einer Kernmembran, Entspiralisierung der Chromosomen	Keine Entspiralisierung Keine neue Synthesephase
Zytokinese	Teilung des Zellplasmas	Teilung des Zellplasmas
Interphase	Zeitraum zwischen zwei Zellteilungen Verdopplung der DNA	Keine Verdopplung der DNA
Reifeteilung II	-	Zwei-Chromatiden-Chromosomen werden in zwei Ein-Chromatid-Chromosomen voneinander getrennt und auf die entgegengesetzten Spindelpole aufgeteilt.
Ergebnis	Zwei genetisch identische, diploide Tochterzellen	Vier genetisch unterschiedliche haploide Geschlechtszellen

Zusatzinformation: Es sind individuelle Skizzen möglich.

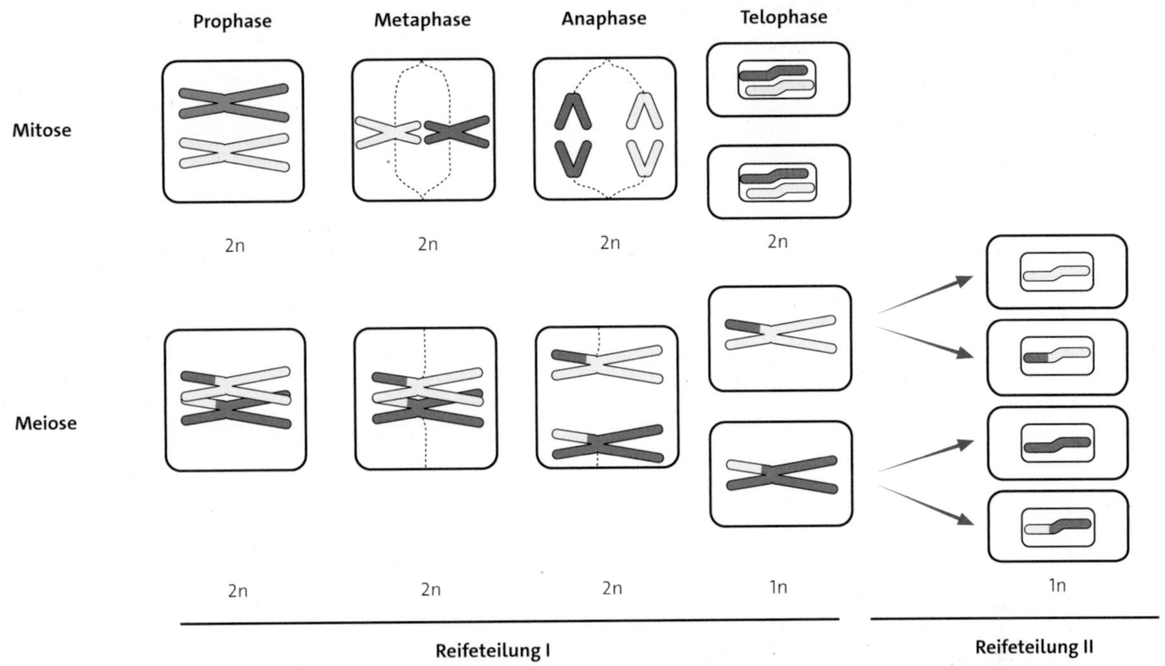

A5 Erklären Sie anhand der Abbildung zur Spermatogenese, weshalb Geschlechtszellen genetisch unterschiedlich sind!

In der Abbildung sind die Chromosomen zur Unterscheidung unterschiedlich eingefärbt. Die väterlichen Chromosomen sind blau gekennzeichnet, die mütterlichen rot. Verfolgt man die Verteilung der Chromosomen, die ja unterschiedliche Informationen tragen, so erkennt man, dass die homologen Chromosomen zufällig auf die Zellpole verteilt werden. Außerdem kann es zu Stückaustausch zwischen Ein-Chromatiden-Chromosomen kommen. Dadurch sind die vier Zellen, die durch Meiose entstehen, genetisch nicht gleich.

Zusatzinformation: Folge dieser Prozesse: die Neukombination oder Rekombination von genetischer Information bei der Befruchtung.

Material B – Behandlungen von Unfruchtbarkeiten beim Mann

B1 Beschreiben Sie die Veränderungen, die die Zellen von der Urspermienzelle bis zur fertigen Spermienzelle durchmachen!

Die Spermienzellen entwickeln sich aus den Spermatogonien, die in den Samenkanälchen des Hodens liegen. Aus den Spermatogonien entwickeln sich durch Mitose viele Spermatozyten. Diese sind diploid. Die Spermatozyten durchlaufen nun die meiotischen Teilungsschritte und liegen nach der zweiten Reifeteilung als haploide Spermatiden vor. Diese Reifen dann zu beweglichen Spermienzellen, den Spermatozoen heran. Während der Reifeschritte wandern die jeweiligen Spermienvorläuferzellen vom Rand des Samenkanälchens in die Mitte. Die reifen Spermienzellen liegen am Ende ihrer Reifung zum offenen Teil des Kanals hin ausgerichtet.

B2 Entwickeln Sie eine begründete Vermutung, welche Zellen die Wissenschaftler aus dem Hoden für die künstliche Befruchtung entnommen haben!

Die Wissenschaftler haben die rundlichen Spermatiden genutzt, die zwar die Zelldifferenzierung zur fertigen, beweglichen Spermienzelle noch nicht vollzogen haben, anderseits bereits alle Reifeteilungsschritte durchlaufen haben. Sie sind haploid und enthalten Ein-Chromatid-Chromosomen. Diese Zellen können in eine Eizelle injiziert werden und somit eine Befruchtung nachahmen. Die anderen Vorläuferzellen sind nicht geeignet, da ihr Chromosomensatz noch nicht halbiert wurde beziehungsweise die Chromosomen noch als Zwei-Chromatiden-Chromosomen vorliegen. Eine künstliche Befruchtung mit diesen Zellen würde zu einer Überzahl an Chromosomen führen.

B3 Zeigen Sie anhand von Skizzen zur Metaphase I und II, wie viele X- und Y-haltige Spermienzellen aus jeder Urgeschlechtszelle entstehen können!

Anhand der Skizzen wird deutlich, dass bei der Spermatogenese X- und Y-haltige Spermienzellen im Verhältnis 1:1 entstehen.

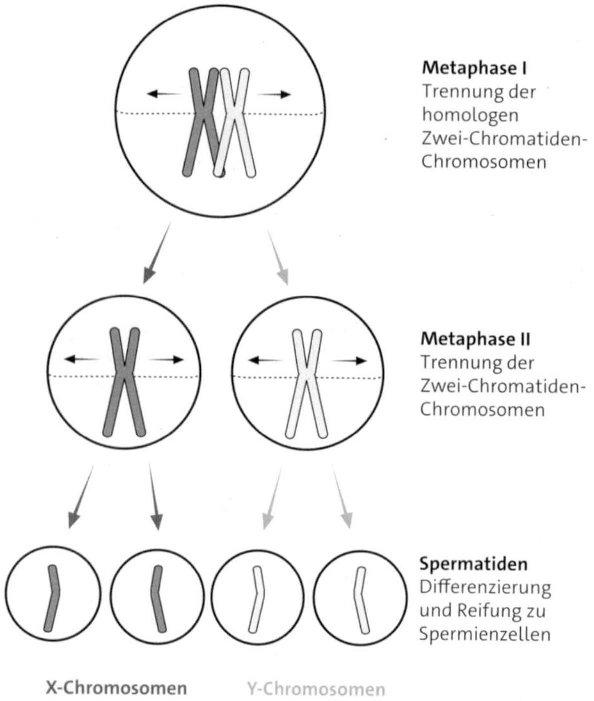

B4 Zeichnen Sie schematisch die Befruchtung einer Eizelle, die zu einem Jungen beziehungsweise zu einem Mädchen führt. Entwickeln Sie eine begründete Vermutung, wie viele Jungen und Mädchen bei natürlicher Befruchtung zu erwarten wären!

Da bei der Spermatogenese zu 50 Prozent X-haltige Spermienzellen gebildet werden und 50 Prozent Y-haltige Spermienzellen vorliegen, ist bei einer natürlichen Befruchtung ein Verhältnis von 1:1 von Mädchen und Jungen zu erwarten.

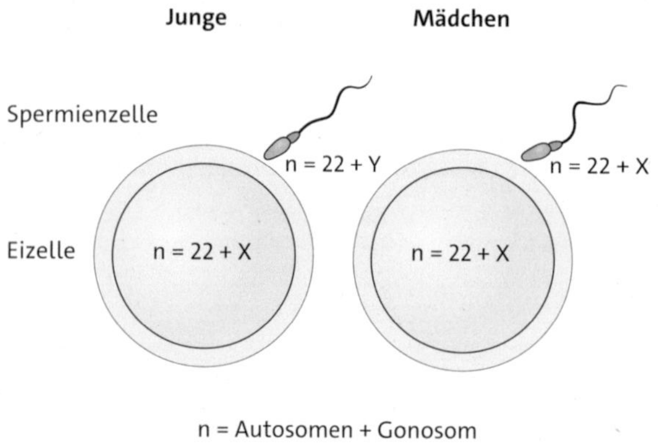

B5 Recherchieren Sie Erklärungen für Abweichungen vom erwarteten Verhältnis auch bei natürlicher Befruchtung!

Zusatzinformation für den Lehrer: Laut statistischem Bundesamt kamen 2013 in Deutschland 51 Prozent Jungen, 49 Prozent Mädchen zur Welt. Das entspricht auch den weltweiten relativen Zahlen zum Geschlechtsverhältnis. Forschungen dazu zeigen, dass offenbar zum Zeitpunkt der Befruchtung das Verhältnis Junge/ Mädchen noch 1:1 ist. Allerdings überleben insgesamt etwas mehr genetisch männliche Embryonen und Feten die Schwangerschaft. Außerdem scheinen Umwelteinflüsse (Ernährung; Krisen) einen Einfluss auf das Geschlechtsverhältnis zu haben.

Embryonalentwicklung des Menschen

Seite 84–86

1 Vergleichen Sie die drei Entwicklungsphasen eines Kindes während der Schwangerschaft!

Erste Phase: Von der Befruchtung bis zur Einnistung (circa 12 bis 14 Tage): Nach der Kombination der elterlichen haploiden Geschlechtszellen in der befruchteten Zygote teilt sie sich zunächst in zwei Zellen, dann in vier und so weiter. Es entsteht nach einigen Tagen eine aus 16 bis 32 Zellen bestehender Keimling, der aufgrund seines Aussehens Maulbeerkeim genannt wird. Durch Auseinanderweichen der Zellen entsteht eine Zellkugel, die Blastozyste. Sie schlüpft aus der Eihülle und nistet sich in der Gebärmutterschleimhaut ein (Furchungsteilungen, Blastozystenbildung und Einnistung).

Zweite Phase: Embryonalphase (3. bis 8. Entwicklungswoche): In dieser Zeit differenzieren sich die drei Keimblätter, aus denen später alle Organe und Gewebe des Ungeborenen hervorgehen. Es bilden sich die Organanlagen (Organogenese).

Dritte Phase: Fetalphase (9. bis 37. Entwicklungswoche): In dieser Phase entwickeln sich durch Differenzierung und Wachstum die Gliedmaßen und Organe des Ungeborenen. Wenn man die Phasen vergleicht, so fällt auf, dass in der ersten Phase vor allem eine Zellvermehrung stattfindet, kaum eine Größenzunahme; in der zweite Phase kommt es zu einem deutlichen Gestaltwandel und die noch undifferenzierten aber deutlich erkennbaren Anlagen von inneren und äußeren Organen werden sichtbar. In der Fetalphase kommt es zu einer starken Größen- und Gewichtszunahme. Gleichzeitig differenzieren sich die Zellen in den Organen, die Organe nehmen zum Teil bereits ihre Funktionen auf und reifen heran.

Zusatzinformation für die Lehrkraft: Die Zahlen zu den Entwicklungsphasen und die Angabe der Schwangerschaftswochen unterscheiden sich. Die Schwangerschaft wird vom 1. Tag der letzten Periode gerechnet, obwohl der

Eisprung und damit die Befruchtung erst ungefähr zwei Wochen später stattfindet. Deshalb dauert nach dieser Berechnung die Schwangerschaft 40 Wochen. Diese Berechnung hat sich bewährt, denn der Termin des Eisprungs ist der Frau nicht bekannt, der Tag der letzten Periode jedoch schon. Die Entwicklung des Ungeborenen beginnt mit der befruchteten Eizelle. Die Angaben in der Abbildung zu Material A auf Seite 87 beziehen sich auf die Entwicklungsphasen des Ungeborenen nach der Befruchtung.

2 Erklären Sie mithilfe der Abbildung 04 die unterschiedliche Sensibilität des Ungeborenen gegenüber schädigenden Einflüssen!
Während der ersten Phase, von der Befruchtung bis zur Einnistung, kann es durch Teilungsstörungen und Chromosomenveränderungen, aber auch Störungen des Transports und der Einnistung des Keimlings in Eileiter und Gebärmutterschleimhaut zu einem Absterben des Keimlings in einem frühen Stadium und damit einer Fehlgeburt kommen.
Schädigende Einflüsse durch Strahlung und chemische Stoffe auf die Organentwicklung sind vor allem nach der Einnistung und der Bildung der Plazenta zu erwarten. Da während der Embryogenese die Organe zu unterschiedlichen Zeiten angelegt werden, kommt es je nach Zeitpunkt des Einflusses zu unterschiedlich starken Fehlentwicklungen einzelner Organe. Beispiele: Da die Anlagen von Herz und Gehirn bereits sehr früh erfolgen, kann ein chemischer Stoff in den ersten 2 bis 3 Entwicklungswochen der Schwangerschaft besonders hier zu schweren Schädigungen führen. Bis zur 7. Woche (9. Schwangerschaftswoche) sind die Anlagen von Armen und Beinen entwickelt, deshalb ist die Wahrscheinlichkeit des Fehlens der Gliedmaßen aufgrund eines fruchtschädigenden Stoffes nach der 7. Entwicklungswoche geringer.
In der Fetalphase differenzieren sich die angelegten Gewebe und Organe weiter und wachsen. Einflüsse in dieser Phase betreffen deshalb vor allem diese beiden Funktionen. Zum Beispiel können Ernährung, auch schädigende Stoffe, wie Nikotin und Alkohol in dieser Phase die Entwicklung insgesamt verzögern.

Seite 87 (Material)

Material A – Contergan – ein fruchtschädigendes Material

A1 Werten Sie die Ergebnisse der Grafik aus!
Die Grafik zeigt Schädigungen des Ungeborenen zu verschiedenen Zeitpunkten der Schwangerschaft durch die Einnahme von Thalidomid. Thalidomid führt je nach Zeitpunkt der Einnahme während der Schwangerschaft zu unterschiedlichen Fehlentwicklungen oder sogar zum Fehlen von Organen. Wurde Thalidomid zum Beispiel zwischen 20 und 24 Tagen nach der Befruchtung eingenommen, so konnte es zum Fehlen von Ohrmuscheln führen. Hingegen führte die Einnahme zwischen 24 und 32 Tagen nach der Befruchtung zu einer Fehlbildung oder -entwicklung der Gliedmaßen, Ohren und der Hüftknochen. Die meisten Schäden entstanden bei einer Einnahme nach 24-32 Tagen nach der Befruchtung.

A2 Erklären Sie, weshalb es zu Schädigungen des Neugeborenen kommt! Stellen Sie dabei Zusammenhänge zwischen dem Einnahmezeitpunkt von Contergan und den Phasen der Embryonal- und Fetalentwicklung her!
Thalidomid beeinflusst die Bildung von Blutgefäßen. Eine gute Blutversorgung und die Bildung der Blutgefäße sind für die Entwicklung und Differenzierung der Organanlagen notwendig. Unterbleibt die Blutzufuhr, so kommt es in der Weiterentwicklung des Ungeborenen im Laufe der Schwangerschaft zu den beobachteten Schädigungen.
Vergleicht man die Schädigungen mit den Entwicklungsphasen in der Abb. 04 Seite 86, so fällt auf, dass besonders Einflüsse zu Beginn der Anlage von Organen in der Embryonalphase schwerwiegende Auswirkungen bis hin zu Fehlen der Organe oder Organsysteme hat. Es lässt sich schlussfolgern, dass es besonders sensible Phasen während der Schwangerschaft für die Einflüsse von fruchtschädigenden Stoffen gibt und diese vor allem während der Embryonalphase liegen.
Zusatzinformation: Die Daten sind im Wesentlichen rückwirkend durch Angaben der behandelnden Ärzte und der werdenden Mütter ermittelt worden – dadurch sind Ungenauigkeiten zu erwarten.

A3 Diskutieren Sie die Überlegungen, Thalidomid bei bestimmten Krebsarten als Medikament zuzulassen!
Auch Tumore sind auf eine gute Blutversorgung angewiesen. Offenbar sind Krebszellen in der Lage, die Bildung von Blutgefäßen selbst zu aktivieren. Thalidomid kann diesen Prozess beeinflussen und dem Tumor die Blutversorgung entziehen. Dadurch schrumpft das sich bösartig entwickelnde Gewebe oder der Tumor verschwindet ganz. Beim Einsatz des Wirkstoffes als Medikament ist besondere Vorsicht angebracht: Frauen im gebärfähigen Alter, die möglicherweise von einer Frühschwangerschaft nichts wissen, sind besonders gefährdet. Die fruchtschädigende Wirkung des Wirkstoffs muss also genau gegenüber der erhofften Wirkung auf Tumore abgewogen werden. Dabei sollte auch berücksichtigt werden, welche Tumore besonders von der Blutversorgung abhängig sind.

Material B – Invasive pränatale Diagnostik bei einer Rötelinfektion?

B1 Werten Sie die Tabelle aus und erläutern Sie die Ergebnisse!

Die Tabelle gibt an, in welcher Phase der Schwangerschaft welche schädigenden Folgen einer Infektion mit Rötelviren zu erwarten sind und mit welcher Wahrscheinlichkeit in Prozent. In der Phase bis zur Einnistung lässt sich kein Einfluss einer Rötelinfektion über das normale Risiko hinaus auf die Entwicklung des Ungeborenen erkennen. Zwischen der 3. und 11. Schwangerschaftswoche (2. bis 9. Entwicklungswoche), also in der Embryonalphase, ist eine Infektion des Ungeborenen mit 70 bis 90 Prozent sehr wahrscheinlich. Eine Schädigung des Embryos ist mit 25 bis 65 Prozent zu erwarten beziehungsweise zu beobachten. Dabei fallen besonders Gehörschäden, Fehlentwicklungen von inneren Organen, Augendefekte und Herzmissbildungen auf. Nach der 11. Schwangerschaftswoche, also zu Beginn der Fetalphase, ist bei einer Infektion der werdenden Mutter mit Rötelviren noch mit circa. 55 prozentiger Wahrscheinlichkeit auch mit einer Infektion des Ungeborenen zu rechnen, allerdings geht die Zahl der Embryopathien durch Rubella auf 8 bis 20 Prozent zurück. Nach der 17. Schwangerschaftswoche ist das Risiko für den Fetus, trotz einer möglichen Infektion Fehlbildungen zu entwickeln, nicht erhöht.

B2 Beschreiben Sie die invasiven pränatalen Untersuchungsmethoden!

Embryonen und Feten können nicht nur mithilfe des Ultraschalls (nicht invasiv) untersucht werden, sondern auch invasiv. Dazu lassen sich drei Methoden unterscheiden: Die Chorionzottenuntersuchung, bei den Zellen aus dem Chorion, der Fruchthülle und dem Vorläufer der späteren Plazenta entnommen werden; die Fruchtwasserpunktion, bei der mit einer feinen Kanüle durch die Bauchdecke Fruchtwasser entnommen wird und die Nabelschnurpunktion, bei der Blut aus der Nabelschnur entnommen wird. In allen Fällen enthalten die verschiedenen Gewebe beziehungsweise Flüssigkeiten Zellen des Ungeborenen. In den Flüssigkeiten können außerdem auch Antikörper oder andere chemische Stoffe nachgewiesen werden. Die Zellen werden direkt oder nach Zellvermehrung im Labor untersucht.

B3 Begründen Sie, welche Untersuchungsmethode der sicherste Nachweis einer Rötelinfektion des Ungeborenen wäre!

Der Nachweis von Antikörpern gegen Rötelviren aus dem Nabelschnurblut ist der sicherste Nachweis. Die Nabelschnur enthält kindliches Blut. Dieses enthält, wenn der Embryo mit Rötelviren in Berührung gekommen ist, Antikörper. Im Fruchtwasser lassen sich auch Antikörper nachweisen, allerdings in geringerer Konzentration. Bei der Chorionzottenuntersuchung besteht das Problem, dass die Probe aus mütterlichen Blutgefäßen stammt, da die Blutgefäße des Kindes und der Mutter dicht nebeneinander verlaufen. So könnte es zu einem fehlerhaften Befund kommen.

B4 Wägen Sie die Bedeutung der Impfempfehlung als Vorbeugung gegen Röteln gegenüber den Möglichkeiten pränatalen Untersuchungen ab.

Nach Aussage der ständigen Impfkommission (STIKA) ist eine zweimalige Impfung von Kindern gegen Rötelviren wichtig. Sind alle oder sehr viele Kinder gegen Röteln geimpft, ist die Ansteckungsgefahr von werdenden Müttern sehr gering. Gleichzeitig gewährleistet eine zweimalige Impfung eine Immunisierung von Mädchen bereits vor dem gebärfähigen Alter. Dadurch sinkt ebenfalls das Risiko, sich mit Röteln anzustecken und ungewollt ein Ungeborenes zu infizieren, gegen Null. Impfungen haben ein sehr geringes gesundheitliches Risiko für den Geimpften, aber einen großen Wert für die Senkung des Infektionsrisikos der Bevölkerung insgesamt. Impfen ist eine vorbeugende Maßnahme. Invasive pränatale Untersuchungen dagegen werden angewendet, wenn bereits ein Risiko für das werdende Leben besteht. Alle invasiven Maßnahmen tragen ein Risiko für die Fortführung der Schwangerschaft. Von 100 Fällen kommt es in ein bis zwei Fällen zu einer Fehlgeburt und damit zum Tod des Kindes. Beim Nachweis einer Infektion des Ungeborenen mit Rötelviren stehen die werdenden Eltern vor einer schweren ethischen Entscheidung über den vorzeitigen Abbruch der Schwangerschaft. Da der Nachweis der Infektion mit Rötelviren nicht unbedingt bedeutet, dass es zur Ausbildung einer Embryopathie kommt, ist diese Entscheidung mit zusätzlicher Ungewissheit belastet.

Stammzellforschung und Zellkulturen

Seite 88–90

1 Vergleichen Sie embryonale Stammzellen und adulte Stammzellen hinsichtlich ihrer Entwicklungsfähigkeit und ihres Differenzierungsgrades!
Stammzellen sind teilungsfähige, nicht festgelegte, spezialisierte Zellen. Während der Embryonalentwicklung verlieren die Stammzellen allerdings Teile ihrer Fähigkeit zur Bildung aller Zellen und Gewebe.

2 Erläutern Sie Möglichkeiten und Grenzen der Gewinnung und Arbeit mit verschiedenen Stammzellen!

	Embryonale Stammzellen	Adulte Stammzellen
Gewinnung der Stammzellen	Aus dem Embryoblast der Blastozyste werden menschliche embryonale Stammzellen gewonnen. Grundlagenforschung wird an Stammzellen von Tieren, meistens Mäusen durchgeführt embryonale Stammzellen können auch durch therapeutisches Klonen gewonnen werden. *Zusatzinformation: Heute werden pluripotente Stammzellen auch durch Reprogrammieren differenzierter Zellen erzeugt (induzierte pluripotente Stammzellen Nobelpreis an YAMANAKA 2012)*	Adulte Stammzellen finden sich vermutlich in allen Geweben des Menschen. Gewonnen werden sie zum Beispiel aus dem Knochenmark, aber auch aus der Oberhaut der Haut (epidermale Stammzellen).
Entwicklungsfähigkeit	pluripotent	uni- oder multipotent
Differenzierungsgrad	undifferenziert	undifferenziert, allerdings Verlust der Fähigkeit zur Pluripotenz vermutlich Veränderung in den Ablesemustern der DNA

Embryonale Stammzellen sind fast unbegrenzt teilungsfähig und können sich zu unterschiedlichen Zelltypen differenzieren. Ihre Plastizität ist noch groß. Ethisches Problem: Bei der Gewinnung von embryonalen Stammzellen des Menschen werden Embryonen zerstört oder auch nach Ansicht zum Beispiel vieler Ethiker, Wissenschaftler, Kirchenvertreter und Laien getötet. Dies ist durch das deutsche Embryonenschutzgesetzt verboten.
Zusatzinformation: Stammzellforscher in Deutschland nutzen Zelllinien, die vor einem bestimmten Stichtag gewonnen wurden bzw. embryonale Stammzellen aus dem Ausland. Gerade dieser zweite Punkt ist ethisch umstritten. Da auch embryonale Stammzellen altern und somit die Zelllinien nicht unbegrenzt nutzbar sind, fordern viele Wissenschaftler eine Neuregelung der Forschung an embryonalen Stammzellen.
Ethisch ist die Arbeit mit adulten Stammzellen sicher nicht so umstritten. Ein anderer Vorteil der Arbeit mit adulten Stammzellen ist, dass sie vom späteren Empfänger selbst gewonnen werden können, somit werden Abstoßungsreaktionen vermieden. Außerdem sind adulte Stammzellen bereits Vorläuferzellen zu spezialisierten Zellen – durch weniger Teilungen kann relativ rasch neues Gewebe gewonnen werden.
Die Gewinnung von adulten Stammzellen ist nicht immer einfach: dazu müssen Gewebeproben aus Organen entnommen werden. Die Stammzellen sind häufig nur schwer von anderen Körperzellen zu unterscheiden, sodass eine Isolation sich schwierig gestaltet. Auch die Kultivierung der Zellen im Labor, sodass sie sich möglichst lange teilen, ist nicht einfach. Adulte Stammzellen können Mutationen enthalten, die dann auf den Empfänger übertragen werden.
Bislang hat die Übertragung von embryonalen Stammzellen häufiger zur Bildung von Tumoren geführt.

3 Erläutern Sie das Verfahren der Zellkulturtechnik am Beispiel der Züchtung von Hautgewebe!
Zunächst werden bei einer Biopsie Gewebeproben entnommen. Aus diesen Gewebeproben werden Stammzellen, undifferenzierte Zellen entnommen und in ein flüssiges oder auf ein festes Nährmedium gegeben. Durch Zusatz von Wachstums- und Differenzierungsfaktoren differenzieren sich die Zellen. Sie können auf eine Matrix aufgebracht werden und wachsen dann auch dreidimensional zu Gewebe heran.

Seite 91 (Material)

Material A – Hornhautersatz

A1 Beschreiben Sie, wie mithilfe von Zellkulturtechnik das Hornhautgewebe im Labor gezüchtet werden kann und welche Herausforderungen zu bewältigen sind!
Durch Biopsie werden aus dem Randbereich der Hornhaut Epithelzellen entnommen. In diesem Gewebestückchen werden die Stammzellen identifiziert und isoliert. Die isolierten Stammzellen trägt man auf einen passenden Nährboden mit Wachstumsfaktoren auf. Die Zellen vermehren sich im Labor. Die vermehrten Zellen werden in ein Nährmedium mit Differenzierungsfaktoren übertragen, um Hornhautepithelzellen zu züchten. Diese werden auf eine Matrix übertragen, auf der dann die Hornhaut wächst.
Herausforderungen bei der Gewinnung von Hornhautgewebe: Identifizierung von Stammzellen – Gewinnung und Zellvermehrung im Labor – Operationstechniken (an

Tierversuchen) – Vermeidung von Verunreinigungen durch zum Beispiel Bakterien – geeignete Patienten finden – Genehmigungsverfahren – mit Rückschlägen umgehen.

A2 Beschreiben Sie den hier genutzten Stammzelltyp und vergleichen Sie Vor- und Nachteile seines Einsatzes mit dem Einsatz von anderen Stammzellen!
In diesem Fall handelt es sich um adulte Stammzellen. Kennzeichen/ Vorteile: Kommen in differenziertem Gewebe vor, sind uni- oder multipotent; sie lassen sich zu bestimmten Zelltypen differenzieren; sie bilden natürlicherweise Ersatzzellen und Gewebe. Als Vorteil von adulten Stammzellen ist zu sehen, dass sie sich aus Gewebematerial des Patienten gewinnen lassen. Das heißt sie sind patienteneigene - *autologe* – Stammzellen. Abstoßungsreaktionen werden reduziert beziehungsweise vermieden.
Nachteile: Geringere Differenzierungsfähigkeit *(genetische/ epigenetische Veränderungen),* schwierige und invasiv, eingreifende Gewinnung. Dem Patienten muss gesundes Gewebe entnommen werden und die Stammzellen von differenzierten Zellen unterschieden werden.
Vergleich zu embryonalen Stammzellen.
Kennzeichen/ Vorteile: Embryonale Stammzellen sind pluripotent, sie kommen in frühen Embryonalstadien, zum Beispiel in der Blastozyste, vor. Sie lassen sich zu Zellen aller drei Keimblätter differenzieren.
Nachteile: Das Abtöten von Embryonen beziehungsweise die gezielte Zucht von Embryonen ist nötig. In Deutschland ist dieses Verfahren deshalb nach dem Embryonenschutzgesetz verboten. Der Rückgriff auf vorhandene Zelllinien hat Grenzen. Die Implantation von embryonalen Zellen kann zu Tumoren führen.

A3 Erklären Sie, weshalb das transplantierte Gewebe Stammzellen enthält und welche Vorteile und Risiken damit einhergehen können!
Auch die neue Hornhaut ist Außeneinflüssen und dem dauernden Lidschlag und damit Abrieb ausgesetzt. Ohne die vorhandenen Stammzellen würde sich die Hornhaut nicht dauerhaft regenerieren können. Das Einbringen von Stammzellen birgt aber auch Gefahren mit sich: bleiben sie am Ort oder verbreiten sie sich im Körper? Wie verhalten sie sich im Auge/im Körper? Gibt es Tumorgefahr?

A4 Stellen Sie Vermutungen über weitere medizinische oder biotechnologische Einsatzmöglichkeiten eines künstlichen Hornhautgewebes an!
Künstliches Hornhautgewebe kann als Ersatz für Tierversuche dienen, z.B. beim Test von Medikamenten und Kosmetika. Die Forschung an künstlichem Hornhautgewebe kann vielleicht zur Herstellung von verträglichen Kontaktlinsen genutzt werden. In der Grundlagenforschung kann das Verhalten von Stammzellen bei Stammzelltherapie untersucht werden. Außerdem können vielleicht so gewonnene Stammzellen zur Produktion von körpereigenen Stoffen genutzt werden.

Material B – Zellkulturtechnik bei Pflanzen
B1 Beschreiben Sie die Zellkulturtechnik bei Pflanzen und vergleichen Sie diese mit der Züchtung von Gewebe bei Tieren!
Dem Pflanzenkörper, zum Beispiel aus einem Blatt, wird Gewebe, zum Beispiel Blattparenchym oder Blattepidermis entnommen. Die differenzierten Zellen des Gewebes werden isoliert. In einer Nährlösung oder auf einem Nähragar teilen sich die Zellen und bilden ein Gewebestückchen aus undifferenzierten Zellen, den Kallus. Der Kallus bildet unter Zugabe von Phytohormonen einen Spross. Die einzelnen Organe der Pflanze werden regeneriert. Nach Wachstum und Entwicklung entsteht eine Jungpflanze, die zu einer adulten Pflanze heranwächst.

Pflanze	Tier
Entnahme von Gewebe	Entnahme von Gewebe mit Stammzellen oder Gewinnung embryonaler Stammzellen
Aufbringen von differenzierten Einzelzellen auf Nährboden (oder Nährflüssigkeit).	Isolation von Zellen und Ausbringung von adulten Stammzellen oder Vorläuferzellen auf Nährboden oder in Nährflüssigkeit
Bildung einer Zellkultur durch Zellvermehrung (Kallus) aus undifferenzierten Zellen	Wachstumsfaktoren; gute Wachstumsbedingungen
Zugabe von Phytohormonen (als Wachstumsfaktoren)	Wachstumsfaktoren
Differenzierung und Organbildung	Differenzierung und Gewebebildung
Regeneration einer Pflanze	3-D-Gewebe und Organe nur mit zusätzlichen Arbeitsschritten. Organe und Organismen nur aus embryonalen Stammzellen

B2 Begründen Sie, dass das dargestellte Experiment als Nachweis des Entwicklungspotenzials von Körperzellen der Pflanze gedeutet werden kann!
Es handelt sich bei den im Experiment genutzten Zellen um differenzierte Zellen aus dem erwachsenen Pflanzenkörper. Diese verhalten sich offenbar unter geeigneter Kultivierung totipotent. Sie können einen gesamten pflanzlichen Organismus erzeugen.

B3 Begründen Sie, dass es sich um Pflanzenklone handelt! Vergleichen Sie das Verfahren mit der Herstellung von Tierklonen beim reproduktiven Klonen, zum Beispiel beim Krallenfrosch!
Da die neue Pflanze aus einer differenzierten Einzelzelle mit Zellkern einer Mutterpflanze stammt, besitzt auch die Tochterpflanze ausschließlich Erbsubstanz der

Mutterpflanze. Die Tochterpflanze ist genetisch identisch, sie ist ein Klon der Mutterpflanze.
Beim reproduktiven Klonen von Tieren, wie in den Experimenten von GURDON mit *Xenopus* (Einsetzen eines somatischen Zellkerns in eine entkernte Eizelle) kommt es auch zu erbidentischen Nachkommen. Allerdings ist hier der Weg über die Eizelle nötig, um den Kern zu reprogrammieren und die Totipotenz zum Tragen kommen zu lassen.
Zusatzinformation für die Lehrkraft: Das Kultivieren von somatischen Einzelzellen und Reprogrammieren zu Stammzellen wird aber intensiv erforscht und ist bereits gelungen. Dieses Verfahren bezeichnet man als induzierte Pluripotenz. Ein vollständiges Lebewesen konnte auf diesem Wege aber nicht erzeugt werden (also keine Totipotenz).

B4 Stellen Sie Vermutungen zu möglichen Einsatzgebieten der Zellkulturtechnik bei Pflanzen an!
Zellkulturtechnik bei Pflanzen kann zum Beispiel in der Grundlagenforschung genutzt werden, um Aufschluss über Zellteilung und Beeinflussung von Zellteilungen zu bekommen. An pflanzlichen Stammzellen kann die Wirkung von Wachstumsfaktoren untersucht werden. Auch das Studium von Arbeitstechniken und die Entwicklung von weiteren, neuartigen Techniken sind denkbar. In der Anwendung können Pflanzen in der Biotechnologie zur Herstellung von Stoffen genutzt werden. Für die Medizin lassen sich Tumorbildung, Verhalten von Zellen in Geweben, Organbildung und Transplantationen studieren. Auch der Einsatz von Stoffen zur Markierung von Molekülen und der Untersuchung von Stoffwechselprozessen sowie die Veränderungen durch Einschleusen von Genen (Gentechnologie) können an dem einfach zu gewinnenden und billigeren Verfahren bei Pflanzen untersucht werden.
Zusatzinformation: diese Aufgabe kann auch als Rechercheaufgabe gegeben werden.

Seite 92–93 (Im Blickpunkt Forschung: Tracer-Methoden in der Zellforschung)

1 Beschreiben Sie die wesentlichen Merkmale der Tracer-Methode und vergleichen Sie diese mit anderen Methoden, mit denen die Stoffwechselvorgänge in Zellen sichtbar gemacht werden können!
Ziel der Tracer-Methoden ist es, Stoffwechselvorgänge in Zellen aufzuspüren und nachzuverfolgen. Dazu werden Moleküle mit einer Substanz verknüpft, also *markiert*, und dann aufgespürt, *detektiert*. Bei der Isotopenmarkierung werden dazu Elemente, die sich physikalisch von dem natürlich vorkommenden Element unterscheiden, in Moleküle eingebaut. Diese nun zum Beispiel radioaktiv markierte Substanz wird als Tracer bezeichnet und kann dem Lebewesen oder den Zellen angeboten werden. Die Tracer werden in den Stoffwechsel der Zelle oder des Organismus eingeschleust und nehmen ganz normal an ihm teil. Untersucht man nun zu verschiedenen Zeitpunkten, dann kann mit unterschiedlichen Methoden die markierte Substanz zum Beispiel an Hand der Strahlung durch Autoradiographie oder Radiodetektoren Verteilung und Veränderungen der Lokalisation in verschiedenen Zellbestandteilen oder Organen nachgewiesen werden. Daraus kann dann der Weg des Moleküls nachvollzogen werden.
Die Immunmarkierung nutzt ebenfalls markierte Moleküle. Hier werden jedoch Antikörper markiert. Das hat den Vorteil, dass diese sehr spezifisch an Strukturen binden und diese mithilfe von Radioaktivität, Stoffdichte oder Fluoreszenz nachzuweisen sind.
Bei der Markierung mithilfe von Leuchtproteinen können lebende Zellen untersucht werden. Die Forscher machen sich hier zu Nutze, dass das Protein von lebenden Zellen selbst hergestellt werden kann, wenn man das Gen einschleust, und dass es bei Bestrahlung mit UV fluoresziert. So können die Synthese und der Transport von Proteinen zu bestimmten Zeitpunkten oder in bestimmten Phasen des Lebens der Zelle oder des Organismus nachverfolgt werden. Dazu wird das Gen für das Leuchtprotein, das bekannt ist, an ein interessierendes Gen angeheftet und mit geeigneten Methoden in die Zelle eingeschleust. Dieses wird dann zusammen mit dem Leuchtprotein synthetisiert und ist dadurch sichtbar.

2 Erläutern Sie die Vorgehensweise und die Ergebnisse der Tracer-Methode bei der Erforschung der Funktion von Zellorganellen! Nehmen Sie die Seite 30 zu Hilfe.
Feinbau, Funktion und Zusammenarbeit von Zellorganellen wurde mithilfe der Isotopenmarkierung und Autoradiographie am Beispiel von Pankreaszellen untersucht. Dazu wurde ein Tracer, hier die radioaktiv markierte Aminosäure Leucin, künstlich hergestellt und kurzzeitig den Versuchstieren injiziert beziehungsweise mit der Nährflüssigkeit der Zellkultur angeboten. Danach wurde wieder das natürlich vorkommende Leucin zugeführt. Die 3H-Leucin-Aminosäure wird in das eiweißähnliche Hormon Insulin eingebaut. Die so behandelten Zellen wurden nun nach verschiedenen Zeitpunkten durch Schockgefrieren in ihrer Stoffwechselaktivität gestoppt und fixiert. Durch Überschichten mit einer Silbersalzlösung, einer strahlungsempfindlichen Fotoemulsion, bleiben an den Orten, an denen radioaktive Stoffe im Präparat sind, Silberatome festgebunden, die Silberionen, die überschüssig sind, werden weggeschwemmt. In elektronenmikroskopischen Bildern werden diese Stellen als schwarze Flecken sichtbar. Ein solches Foto nennt man Autoradiogramm. Dadurch, dass die mit Zellen in einem bestimmten zeitlichen Abstand zur Aufnahme von radioaktiveren Aminosäuren

autoradiografisch untersucht wurden, kann nun der Aufenthaltsort der Radioaktivität an den verschiedenen Zellorganellen festgestellt werden. Im Fall der Insulinsynthese im Drüsengewebe der Bauchspeicheldrüse konnte gezeigt werden, dass zunächst die Aminosäuren im Endoplasmatischen Retikulum auftauchen, dann im Golgi-Apparat und zuletzt in sekretorischen Vesikeln. Zum Schluss sind die in diesem Zeitraum von der Drüsenzelle abgegebenen Insulinmoleküle radioaktiv markiert.
Als Darstellungsform kann sowohl eine Schemazeichnung oder eine Serie von Schemazeichnungen gewählt werden. Als mögliche Präsentationsformen sind ein Daumenkino, eine Folienpräsentation oder auch eine Stopp-Motion-Präsentation denkbar.

3 Recherchieren Sie im Lehrbuch und in anderen Medien nach Erkenntnissen der Zellbiologie, die mithilfe von Tracer-Methoden gewonnen wurden und präsentieren Sie Ihre Ergebnisse!
Hier können im Buch verschiedene Untersuchungsergebnisse genannt werden: Aufklärung zum Feinbau und zur Funktion von Zellorganellen (Zusammenarbeit von Zellorganellen bei der Sekretion); Replikation der DNA (MESELSON- und STAHL-Experiment); TAYLOR-Experiment zur Replikation und Mitose bei Eukaryoten. Aufklärung des Calvin-Zyklus mithilfe von Tracern und Autoradiographie. Transportvorgänge an Zellen und in Zellen (Nachweis von Glukosetransport, Diffusion und Osmose durch radioaktiv markierte Moleküle) o.ä.
Zusatzinformation: Auf der didaktisch aufbereiteten Seite der Max-Planck-Institute lassen sich aktuelle Beispiele aus der Zellforschung recherchieren. Die Schülerinnen und Schüler können an diesem Beispiel auch die Frage der Zuverlässigkeit von Quellen aus dem Internet untersuchen.

4 Recherchieren Sie im Internet Beispiele für den Einsatz von Tracern in der Medizin! Nutzen Sie als Suchwörter auch Begriffe aus diesem Text!
Zunächst sollen die Schülerinnen und Schüler eine Recherchefrage aufstellen und Suchwörter sammeln, dann mit der Recherche beginnen. Die Dokumentation der Rechercheergebnisse und die Entwicklung neuer Suchwörterkombinationen lässt sich üben. Die Auswertung und Präsentation eines Beispiels kann Aufgabe für Kurzreferate, Dokumentationsmappen, Postervorträge oder ähnliches sein. Die Internetrecherche lässt sich durch ein WebQuest steuern.
Inhaltlich können die Schülerinnen und Schüler viele Beispiel finden: die Untersuchung der Schilddrüse, des Herzens, von Verletzungen; Tumornachweise; Nachweis von Entzündungen; Untersuchung mit PET zu Alzheimer-Demenz und Parkinson. Suchwörter sind sehr hilfreich, um die breite Anwendung von Radiopharmaka in der bildgebenden Medizin etwas einzugrenzen. Es lohnt sich, Zuverlässigkeit und Qualität der Internetquellen kriteriengeleitet zu diskutieren.

Seite 94–95 (Klausurtrainer: Zellbiologie)

Training A – Einschlüsse in Zellen der Küchenzwiebel

a Beschreiben Sie die Anfertigung des lichtmikroskopischen Präparats, bis es auf dem Objekttisch liegt, sowie die anschließende mikroskopische Beobachtung!
Zunächst wird eine Küchenzwiebel quer halbiert. Aus der Hälfte wird ein Viertel herausgeschnitten. Dann nimmt man die zweite Schuppe von außen. Man schneidet von ihrer konvex gekrümmten Unterseite in einem flachen Tangentialschnitt ein kleines Stück ab. Anschließend gibt man es sofort in einen kleinen Wassertropfen auf einen Objektträger, den man mit einer Pipette dort aufgetragen hat. Ein Deckglas wird aufgelegt. Der Objektträger wird nun auf den Objekttisch des Mikroskops gelegt.
Der Objekttisch wird ein wenig nach unten gedreht. Am Objektivrevolver wird das Objektiv mit der geringsten Vergrößerung über die Öffnung im Objekttisch gedreht. Der Objektträger mit dem Präparat wird so verschoben, dass das Präparat mittig über der Öffnung im Objekttisch liegt. Das Licht wird eingeschaltet. Die Blende wird fast geschlossen. Mithilfe des Grobtriebs wird der Objekttisch ganz nach oben gedreht. Während man durch das Okular sieht, wird der Objekttisch langsam soweit nach unten gedreht, bis ein scharfes Bild des Präparates sichtbar wird. Nun stellt man die Blendenöffnung so ein, dass das Bild kontrastreich und dabei nicht zu hell und nicht zu dunkel ist. Dann schiebt man den Teil des Präparates in die Mitte des Bildes, der betrachtet werden soll. Nun wechselt man vorsichtig zum nächstgrößeren Objektiv, indem man am Objektivrevolver dreht. Man muss zumeist lediglich vorsichtig am Grobtrieb oder Feintrieb drehen, sodass wieder ein scharfes Bild entsteht. Die Blende muss allerdings neu eingestellt werden. Soll noch stärker vergrößert werden, werden alle entsprechenden Arbeitsschritte wiederholt.

b Vergleichen Sie die Fotos mit ihren zugehörigen Zeichnungen und begründen Sie, dass gute Zeichnungen angefertigt wurden!
In den lichtmikroskopischen Aufnahmen zum Präparat und zu Versuch 1 sind Zellwände zu erkennen. Manche Zellen sind vollständig zu sehen. In den Zellen sieht man jeweils einen Kristall. In der Aufnahme zu Versuch 2 ist lediglich ein Kristall zu sehen. In den Fotos zum Präparat und zu Versuch 1 sieht man oberhalb oder unterhalb der

Bildebene Strukturen, die vornehmlich von links nach rechts durch das Bild ziehen. Sie sind unscharf abgebildet. Die Zellwände sind klar und deutlich gezeichnet, häufig deutlicher als sie im Foto sichtbar sind. In der Zeichnung zum Präparat sind die Wände als Doppellinien gezeichnet, beim Versuch 1 als einfache Linien. Die Größen von fotografierten und gezeichneten Zellen stimmen exakt überein. Je Zelle ist der im Foto erkennbare Kristall an exakt entsprechender Stelle eingezeichnet. Auch hierbei ist die Zeichnung klarer, die begrenzenden Linien der Kristalle sind deutlicher zu erkennen als im Foto. Die Kanten der Kristalle sind im Präparat fast immer gerade. Die Kristalle setzen sich aus quader- oder prismenförmigen Bauteilen zusammen, die teilweise gegeneinander verdreht übereinander oder aneinander liegen. Im Foto und in der Zeichnung zum Versuch 1 sind die Kristalle nicht von geraden Kanten begrenzt. Sie sind dünner und kleiner als im Präparat und bestehen meistens nur aus einem unregelmäßig geformten Stab. In der Zeichnung zu Versuch 2 sieht man ein längliches Büschel nadelförmiger Strukturen, das von weiteren, etwas ungeordneten Nadeln umgeben ist. In dem zugehörigen Foto sieht man dieselbe Struktur, aber weitaus undeutlicher und teilweise sehr unscharf.

Da die Zeichnungen nicht von den Fotos erstellt wurden, sondern beim Mikroskopieren, war es möglich, verschiedene Schärfeebenen einzustellen und dann eine Zeichnung zu erstellen, die alle Schärfeebenen erfasst. Daher sind die Zeichnungen deutlich klarer als die Fotos. Ansonsten sind beim Zeichnen alle Proportionen eingehalten worden. Darüber hinaus sind die unklaren Querstrukturen weggelassen worden. In den Zeichnungen sind lediglich Zellwände und Kristalle zu sehen. Wegen der stimmigen Proportionen und der sauberen Zeichnung der in Frage kommenden Konturen sind die Zeichnungen gut. Durch Weglassen störender Strukturen werden die hier interessierenden Formen der Kristalle besonders gut sichtbar. Das war der Zweck der Zeichnungen.

c Beschreiben Sie die Versuchsergebnisse!

Durch die Einwirkung von Salzsäure sind im Präparat die Kristalle kleiner geworden und haben ihre Form verloren. Durch das Einwirken der Schwefelsäure ist der betreffende Kristall verschwunden und ein neuer Kristall, ein Gipskristall aus spitzen Nadeln entstanden.

d Erläutern Sie am Beispiel des Oxalatnachweises die typischen Merkmale eines Nachweisversuchs!

Bei einer Nachweisreaktion findet eine chemische Reaktion mit einem bestimmten Reagenz statt, die unter verschiedenen Bedingungen, bei einem Reinstoff und auch in einem Gemisch, zu einem spezifischen Ergebnis führt. Weil diese Reaktion spezifisch ist, kann man mit ihr das Vorhandensein eines Stoffes nachweisen. Zum Beispiel reagiert Jod mit Stärke mit einer Blaufärbung, mit anderen Stoffen als Stärke aber nicht. Auch in Zellen kann man über die Blaufärbung nachweisen, dass sie Stärke enthalten.

Wenn man in einem mikroskopischen Präparat Kristalle mit klaren Strukturen erkennt, das Präparat mit Salzsäure behandelt und ein weiteres Präparat vom selben Objekt mit Schwefelsäure, sollten sich die Kristalle bei Salzsäurebehandlung auflösen und bei Schwefelsäurebehandlung in spitznadelige Kristalle umwandeln, sofern sie aus Calciumoxalat bestehen. Diese Reaktionen sollten mit diesen Ergebnissen bei Pflanzen nur mit Calciumoxalat stattfinden, niemals mit Kristallen aus anderen Stoffen.

Zusatzinformation: Nicht alle Schülerinnen und Schüler wissen, dass eine starke Säure eine schwächere Säure aus ihren Salzen vertreibt. Daher ist die Erwartung hier auf die Phänomenebene beschränkt.

Weil Calciumchlorid löslich ist, wird bei der Behandlung mit Salzsäure kein neuer Kristall gebildet, weil Calciumsulfat, Gips, wasserunlöslich ist, fällt es unter Bildung von Kristallen aus. Es bilden sich allerdings nicht immer so schöne Kristalle wie im gezeigten Fall.

Die Bildung von Calciumoxalat-Kristallen wird mit weiteren Funktionen im Zellstoffwechsel verbunden. Einerseits kann auf diese Weise der Calciumpegel reguliert werden, weil die Kristalle auch wieder aufgelöst werden können und so Calcium für die Zelle zur Verfügung steht. Andererseits wird diskutiert, dass Calciumoxalat schädliche Oxalsäure in der Vakuole fixiert.

e Begründen Sie, dass die Produktion von Oxalatkristallen für eine Pflanze von Vorteil sein kann, und erläutern Sie, wie sie dies im Experiment testen würden!

Weil Oxalate für manche Tiere giftig sind, ist es naheliegend, dass sie ein Fraßschutz sind. Diese Idee wird dadurch unterstützt, dass vornehmlich äußere Zellschichten betroffen sind, die als erste gefressen werden, wenn ein Tier eine Pflanze anbeißt.

Zur Überprüfung der Hypothese kann man bei Tieren, die Pflanzen fressen, Auswahlversuche machen. Wenn diese Tiere Pflanzen mit Oxalatkristallen in ihren Zellen meiden, wird die These unterstützt. Zur weiteren Absicherung kann man innere Bereiche einer Oxalat einlagernden Pflanze an die Tiere verfüttern. Wenn die Tiere diese Pflanzenteile fressen, ist die Hypothese stärker unterstützt. Bei einer solchen Überprüfung bleibt zunächst ungeklärt, ob nicht weitere Faktoren Einfluss auf das Fressverhalten haben. Solange man nicht systematisch alle möglichen Einflussfaktoren getestet hat, bleibt diese Unsicherheit bestehen.

Training B – *Acetabularia* – Kommunikation von Zellplasma und Zellkern

a Beschreiben Sie die Durchführung und die Ergebnisse der Versuche in Abbildung B!

Versuch 1: Wenn man bei einer alten *Acetabularia*-Pflanze mit einem vergrößerten Primärkern kurz über dem Rhizoid den Stiel mit fast fertig ausgebildetem Hut abschneidet, verkleinert sich der Zellkern, der Stielstumpf verlängert sich ein wenig und wächst etwas verdünnt nach oben aus.

Versuch 2: Wenn man von einer älteren *Acetabularia*-Pflanze mit vergrößertem Primärkern das obere Stielstück mit fast fertig ausgebildetem Hut abschneidet und dieses auf den Stielstumpf einer jungen *Acetabularia*-Pflanze aufsetzt, bei der man den Stiel, der noch keinen Hut ausgebildet hatte, abgeschnitten hat und bei der im Rhizoid noch ein kleiner Primärkern ist, dann wachsen beide Teile zusammen und der kleine Primärkern verändert sich zum Sekundärkern, teilt sich und die entstandenen Kerne werden per Plasmaströmung in den fertigen Hut transportiert.

b Erläutern Sie mithilfe der Ergebnisse, welche Einflüsse das Zellplasma auf den Zellkern hat!

Versuch 1: Wenn man der *Acetabularia*-Pflanze den Hut abschneidet, wird eine größere Menge des Zellplasmas entfernt. Daraufhin verkleinert sich der Zellkern und entwickelt sich nicht so weiter, wie es dem Alter der Zelle entsprechen würde, er wird nicht zum Sekundärkern. Also muss diese Veränderung im Zellplasma auf den Zellkern so einwirken, dass er sich zurück entwickelt und die Entwicklung der *Acetabularia*-Pflanze neu startet.

Versuch 2: Wenn ein fast fertiger Hut auf das Rhizoid mit Kern von einer jungen Pflanze gepfropft wird, dann kommt das Zellplasma einer alten Zelle zu einer neuen. Dieses Plasma veranlasst den Zellkern, sich zu teilen, obwohl er dies sonst erst nach längerer Lebensdauer machen würde.

Zusatzinformation: Die Quelle für die Beobachtung der Verkleinerung des Zellkerns nach Abschneiden des Huts ist Mohr Pflanzenphysiologie. Es gibt andere Quellen, die besagen, dass sich der Kern nicht verkleinert.

c Beschreiben Sie die Durchführung und die Ergebnisse des Versuchs in Abbildung C!

Wenn man bei einer fast ausgereiften *Acetabularia*-Zelle den Hut und das Rhizoid samt Zellkern abschneidet und dann den Zellkern mit einer Pipette dem Rhizoid entnimmt und in das abgetrennte Stielstück einpflanzt, entwickelt das Stielstück ein neues Rhizoid und einen neuen Hut, wobei der Zellkern in das Rhizoid gelangt.

d Deuten Sie das Versuchsergebnis in Abbildung C als einen Vorgang, bei dem Zellplasma und Zellkern sich gegenseitig beeinflussen! Erläutern Sie im selben Sinn die Bildung der Sekundärkerne!

Der Zellkern steuert bekanntlich Vorgänge in der Zelle. Hier, in Abbildung C, wurden vom Stiel Hut und Rhizoid entfernt, woraufhin beides nachwuchs und dies auch noch an den richtigen Stellen. Es kann also sein, dass das Zellplasma dem Zellkern mitteilt, was benötigt wird, und der Zellkern daraufhin seine Anweisungen gibt. Das Zellplasma führt dann die entsprechenden Anweisungen aus. Bestätigt wird diese Annahme dadurch, dass im Versuch in Abbildung B der Stiel nachwächst. Es fehlt hier lediglich der Stiel.

Ganz analog muss der Zellkern irgendwie vom Zellplasma mitgeteilt bekommen, wann er sich zum Sekundärkern ändern soll. Normalerweise geschieht dies nach einer langen Entwicklungszeit von mehreren Monaten, im Pfropfungsexperiment in Abbildung B aber schon früher, weil ein altes Zellplasma auf das junge Rhizoid gepfropft wurde. Dieses alte Plasma muss Informationen enthalten, die den Zellkern veranlassen, sich zum Sekundärkern zu verändern. Die gebildeten Sekundärkerne transportiert das Zellplasma daraufhin früher als sonst in den Hut.

Stoffwechsel und Energie

1 Enzymatik

Grundlagen biologischer Reaktionen

Seite 102-104

1 Beschreiben Sie, weshalb man Lebewesen als offene Systeme bezeichnet!

Lebewesen nehmen Stoffe aus ihrer Umgebung auf. Dies sind bei Tieren die in der Nahrung enthaltenen Nährstoffe, Wasser und Sauerstoff. Pflanzen nehmen Kohlenstoffdioxid, Wasser sowie Mineralstoffe auf.
Außerdem geben Lebewesen Stoffe an ihre Umgebung ab. Tiere geben Kohlenstoffdioxid und Wasser an die Umwelt ab und scheiden Exkremente aus. Pflanzen geben Sauerstoff an die Umgebung ab.
Da Lebewesen auch Energie aus der Umwelt aufnehmen und abgeben, bezeichnet man sie sowohl aus stofflicher als auch aus energetischer Sicht als offene Systeme.

2 Erläutern Sie die Unterschiede zwischen einer chemischen Reaktion ohne Katalysator und einer mit Katalysator!

Bei chemischen Reaktionen werden die chemischen Bindungen der Ausgangsstoffe gelöst und die neuen Bindungen der Produkte geknüpft. Viele Reaktionen sind nur möglich, wenn Energie zugeführt wird, die Aktivierungsenergie. Ein Katalysator senkt die Aktivierungsenergie. Es muss weniger Energie zugeführt werden, um eine chemische Reaktion in Gang zu setzen. Deshalb verläuft eine Reaktion in Gegenwart eines Katalysators viel schneller als ohne Katalysator.

Seite 105 (Material)

Material A – Zersetzung von Wasserstoffperoxid

A1 Führen Sie das Experiment entsprechend der Abbildung durch und erstellen Sie ein Versuchsprotokoll!

Fragestellung: In welcher Weise beeinflusst die in rohen Kartoffelstücken enthaltene Katalase die Zersetzung von Wasserstoffperoxid?
Hypothese: Da Katalase ein Katalysator für die Zersetzung von Wasserstoffperoxid ist, müsste die Freisetzung von Sauerstoff stark beschleunigt werden.

Geräte und Material:
- Reagenzglas, durchbohrter Stopfen mit Glasrohr, Gummischlauch, gebogenes Glasrohr, Messzylinder, pneumatische Wanne
- Wasser
- Kartoffelstückchen
- zwei Milliliter dreiprozentige Wasserstoffperoxidlösung
- Pipette
- Schutzbrille

Durchführung: Das gebogene Glasrohr und das Glasröhrchen im durchbohrten Stopfen werden mit dem Gummischlauch verbunden. Die pneumatische Wanne wird mit Wasser gefüllt. Der Messzylinder wird in die pneumatische Wanne getaucht, bis er komplett mit Wasser gefüllt ist. Anschließend wird der Messzylinder soweit angehoben, dass das gebogene Glasrohr von unten in die Öffnung geschoben werden kann. Dann füllt man die Kartoffelstückchen in das Reagenzglas. Mithilfe einer Pipette gibt man zwei Milliliter Wasserstoffperoxidlösung in das Reagenzglas und verschließt dieses sofort.
Beobachtung: Sobald die Wasserstoffperoxidlösung zu den Kartoffelstückchen gegeben wird setzt eine heftige Gasentwicklung ein, die Lösung schäumt auf. Im Messzylinder steigen Gasblasen auf.
Deutung: Die Katalase wirkt als Katalysator für die Zersetzung von Wasserstoffperoxid in Wasser und Sauerstoff.
Zusatzinformation: Zum Sauerstoffnachweis verschließt man die Öffnung des Messzylinders, hebt ihn vorsichtig aus der pneumatischen Wanne und dreht ihn, sodass die Öffnung nach oben zeigt. Ein glühender Holzspan, der in die Gasphase des Messzylinders gehalten wird, flammt sofort auf.

A2 Stellen Sie eine Hypothese auf, in welcher Weise sich die Gasentwicklung steigern ließe!

Eine Möglichkeit, die Gasentwicklung zu steigern, besteht darin, die Menge des zugesetzten Wasserstoffperoxids zu erhöhen, da die Menge des freigesetzten Sauerstoffs von der Menge des eingesetzten Wasserstoffperoxids abhängt. Die Temperaturerhöhung des Reaktionsgemischs führt zu einer heftigeren Gasentwicklung, da das Enzym bei erhöhter Temperatur effektiver arbeitet.
Eine Möglichkeit, die Heftigkeit der Gasentwicklung zu steigern, besteht darin, die Kartoffelstücken stärker zu zerkleinern. Dadurch vergrößert sich deren Oberfläche und mehr Wasserstoffperoxidmoleküle können gleichzeitig reagieren.

Material B – Energiediagramme der Zersetzung von Wasserstoffperoxid

B1 Erläutern und vergleichen Sie die Energiediagramme!

Die drei Energiediagramme zeigen die Reaktionswege der Reaktion von Wasserstoffperoxid zu Wasser und Sauerstoff ohne Katalysator, mit einem Platin-Katalysator und mit dem Enzym Katalase als Katalysator. Alle drei Reaktionen verlaufen exotherm. Die freigesetzte Enthalpie ist identisch und beträgt jeweils 95 Kilojoule, kJ pro Mol.
Bei der Reaktion ohne Katalysator ist eine Aktivierungsenergie in Höhe von 76 kJ pro Mol notwendig, um die Reaktion in Gang zu setzen. In Gegenwart eines Platin-Katalysators ist die Aktivierungsenergie geringer. Sie beträgt 57 kJ pro Mol. Am geringsten ist die Aktivierungsenergie in Gegenwart des Enzyms als Katalysator. Sie beträgt nur 29 kJ pro Mol.

B2 Begründen Sie, welche Bedeutung die geringe Aktivierungsenergie der Reaktion in Gegenwart der Katalase für die Zelle hat!
Je höher die Aktivierungsenergie ist, desto mehr Energie muss zugeführt werden, um die Reaktion in Gang zu setzen. Das bedeutet, dass beispielsweise die Temperatur erhöht werden muss. In den Zellen der meisten Lebewesen ist die Temperatur nicht höher als die der Umgebung oder nur geringfügig höher. Eine starke Temperaturerhöhung hätte zur Folge, dass die Zellen nicht mehr lebensfähig sind. Die geringe Aktivierungsenergie der Katalase bedeutet für die Zellen, dass die Zersetzung von Wasserstoffperoxid bei einer niedrigen Temperatur schnell ablaufen kann.

Struktur und Funktion von Enzymen

Seite 108–110

1 Beschreiben Sie den Ablauf einer enzymatischen Reaktion nach dem Schlüssel-Schloss-Modell!
Wenn das Substratmolekül und ein Enzym aufeinandertreffen, kann das Substrat an einer speziellen Bindungsstelle, die als taschenartige Vertiefung ausgeprägt ist, mit dem Enzym in Wechselwirkung treten. Die Struktur des Substratmoleküls und die Struktur der taschenartigen Vertiefung passen nach dieser Modellvorstellung zueinander wie ein Schlüssel ins Schloss. Da nur ein spezifisches Substratmolekül in die Vertiefung hineinpasst, werden Enzyme als substratspezifisch bezeichnet.
Bei der Bildung des als Enzym-Substrat-Komplex bezeichneten Übergangszustands werden die Substratmoleküle verändert, indem sie passgenau für die enzymatische Reaktion ausgerichtet werden, indem sie unter Spannung gesetzt werden oder indem Ladungen übertragen werden. Aufgrund dieser Veränderungen kommt es zu einem anderen Reaktionsweg als ohne den katalytischen Einfluss des Enzyms. Hierdurch wird die Aktivierungsenergie für die Reaktion herabgesetzt und die Reaktion deshalb beschleunigt.
Bei der hier stattfindenden Reaktion entsteht aus dem Substratmolekül ein verändertes Molekül, das als Produkt bezeichnet wird.

2 Vergleichen Sie die molekularen Partner enzymatischer Reaktionen!
Viele enzymatische Reaktionen finden nur statt, wenn neben dem aus Aminosäuren aufgebauten Enzym und dem Substratmolekül weitere Reaktionspartner vorhanden sind. So werden häufig Elektronen, Wasserstoffatome oder chemische Gruppen auf das Substratmolekül übertragen oder von ihm abgespalten. Dies geschieht durch organische Moleküle, die als Coenzyme bezeichnet werden. Anorganische Ionen, die im Enzym gebunden sind und für die Funktion des Enzyms notwendig sind, werden als Cofaktoren bezeichnet. Andere Enzyme verfügen über eine prosthetische Gruppe. Hierbei handelt es sich um ein organisches Molekül, das dauerhaft mit dem Enzym verknüpft ist. Im Gegensatz zu Cofaktoren und prosthetischen Gruppen sind Coenzyme nicht dauerhaft mit dem Enzym verbunden.

Seite 111 (Material)

Material A – Wirkung von Urease

A1 Führen Sie das Experiment durch und erstellen Sie ein Versuchsprotokoll!
Fragestellung: Wie lässt sich die Katalysatorwirkung der Urease nachweisen?
Hypothese: Da die Urease die Spaltung von Harnstoff in Kohlenstoffdioxid und Ammoniak bewirkt, müsste das Reaktionsgemisch durch das entstandene Ammoniak alkalisch werden.
Geräte und Material:
- drei Reagenzgläser,
- Reagenzglasständer
- Ureaselösung,
- Harnstofflösung
- zwei Pipetten
- Phenolphthaleinlösung
- Schutzbrille

Durchführung: Jeweils ein Milliliter der Ureaselösung wird in die Reagenzgläser 1 und 2 pipettiert. Anschließend pipettiert man in alle drei Reagenzgläser jeweils zwei Tropfen Universalindikatorlösung. Zuletzt gibt man in Reagenzglas 1 und in Reagenzglas 3 jeweils fünf Milliliter Harnstofflösung.
Beobachtung: Die Lösung in allen drei Reagenzgläsern bleibt nach Zugabe der Phenolphthaleinlösung farblos. Nach Zugabe der Harnstofflösung färbt sich der Inhalt von Reagenzglas 1 bald violett. Der Inhalt der beiden anderen Reagenzgläsern bleibt farblos.

Deutung: Das Phenolphthalein färbt sich in neutraler Lösung nicht. Die Violettfärbung in Reagenzglas 1 deutet darauf hin, dass eine alkalische Lösung entsteht, die auf das freigesetzte Ammoniak zurückzuführen ist.

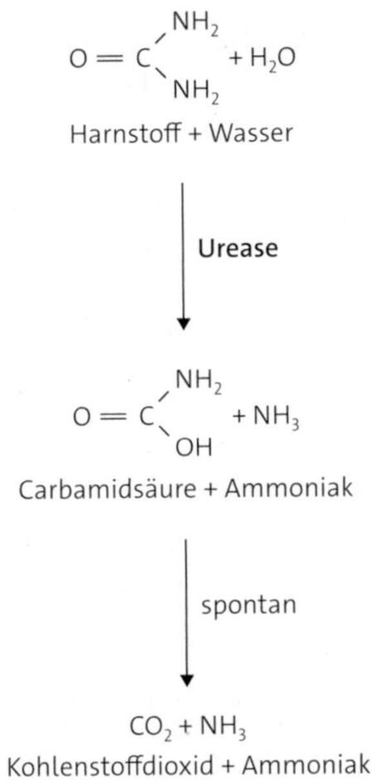

Zusatzinformation:
Da Phenolphthaleinlösung toxisch bedenklich ist, sollte es nur in sehr verdünnter Konzentration von 0,1 Prozent verwendet werden. Alternativ kann ein Universalindikator verwendet werden oder Thymolphthalein. Thymolphthalein ist in neutralen Lösungen farblos und schlägt im alkalischen Bereich oberhalb von pH 9,3 nach blau um.
Die Gesamtreaktion der Ureasereaktion lautet wie folgt:
Da die Ureasereaktion in wässriger Lösung stattfindet, entstehen aus den freigesetzten Ammoniakmolekülen, Ammonium- und Hydroxidionen, die für die alkalische Reaktion verantwortlich sind:
$NH_3 + H_2O \leftrightarrows NH_4^+ + OH^-$.
Das entstandene Kohlenstoffdioxid ist weniger gut wasserlöslich als Ammoniak und entweicht weitgehend als Gas. Das in der wässrigen Lösung verbleibende Kohlenstoffdioxid reagiert nur in geringem Umfang zu Kohlensäure.
$CO_2 + H_2O \leftrightarrows H_2CO_3$

A2 Begründen Sie die Vorgehensweise mit drei Versuchsansätzen!
Die Wirkung der Urease wird nur indirekt über das Entstehen einer alkalischen Lösung nachgewiesen. Deshalb wird dem Reagenzglas 1 der Universalindikator zugegeben, der durch Blaufärbung die Bildung der alkalischen Lösung anzeigt. Dem Reagenzglas 2 wird keine Harnstofflösung zugegeben. Damit wird gezeigt, dass die Farbreaktion nicht allein von der Urease in wässriger Lösung verursacht wird. In Reagenzglas 1 befindet sich keine Ureaselösung. Damit wird gezeigt, dass die Harnstofflösung allein keine Farbänderung des Indikators bewirken kann. Die beiden Reagenzgläser 2 und 3 dienen somit als Blindproben.

Material B – Wirkung von Urease auf Stoffe mit ähnlicher Molekülstruktur

B1 Erklären Sie die Beobachtungen!
Man erkennt eine deutliche Violettfärbung nur im mit Harnstoff versehenen Reagenzglas. In den mit den Reagenzien Thioharnstoff, Iminoharnstoff und Phenylthioharnstoff gefüllten Reagenzgläsern sind die Lösungen farblos. Das bedeutet, dass nur Harnstoff in Gegenwart von Urease zu einer alkalischen Lösung führt.
Die dargestellten Strukturformeln der Reagenzien weisen eine große Ähnlichkeit mit Harnstoff auf, unterscheiden sich jedoch geringfügig, indem das Sauerstoffatom durch ein Schwefelatom bei Thioharnstoff oder eine NH-Gruppe bei Iminoharnstoff ausgetauscht ist. Phenylthioharnstoff weist neben der NH-Gruppe eine Phenylgruppe auf, also eine aus sechs Kohlenstoffatomen bestehende Ringstruktur.
Die Urease reagiert offensichtlich nicht mit den drei dargestellten Reagenzien. Dies ist ein Hinweis auf die Substratspezifität der Urease. Die anderen Stoffe interagieren nicht mit dem aktiven Zentrum der Urease.
Zusatzinformation: Die Verwendung von Phenylthioharnstoff ist ausschließlich im Lehrerversuch erlaubt.

B2 Wiederholt man den Versuch mit N-Methylharnstoff, so beobachtet man einen Farbumschlag des Indikators erst nach mehr als zwei Minuten. Stellen Sie eine Hypothese auf, worauf dies zurückzuführen sein könnte!
Der Farbumschlag des Indikators weist darauf hin, dass N-Methylharnstoff von Urease umgesetzt wird und dabei eine alkalische Lösung entsteht. Die Reaktion entspricht der Reaktion mit Harnstoff, verläuft aber vergleichsweise langsam. Diese Beobachtung bedeutet, dass das Substrat N-Methylharnstoff mit dem aktiven Zentrum der Urease reagieren kann. Dies führt zu der Annahme, dass die beiden Moleküle Harnstoff und N-Methylharnstoff eine sehr ähnliche Struktur haben, die einen Enzym-Substrat-Komplex ermöglichen. Die Passung des N-Methylharnstoffs am aktiven Zentrum ist wahrscheinlich nicht so optimal wie die des Harnstoffs. Das erklärt den langsamen Reaktionsverlauf.

Zusatzinformation: Strukturformel von N-Methylharnstoff:

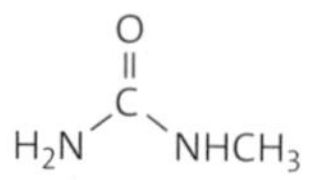

Material C – Hydrolyse von Stärke

C1 Führen Sie das Experiment durch und erstellen Sie ein Versuchsprotokoll!

Fragestellung: Wie lässt sich erklären, dass der Stärkenachweis nach Zugabe von Mundspeichel oder Amylase negativ ist, in Gegenwart von Salzsäure jedoch positiv?
Hypothese: Amylase spaltet Stärkemoleküle. In Gegenwart von Salzsäure findet keine Stärkespaltung statt.
Geräte und Material:
- drei Bechergläser
- Stärkelösung
- Mundspeichel oder Amylase
- zwei Pipetten
- verdünnte Salzsäure
- Iod-Kaliumiodid-Lösung
- Schutzbrille

Durchführung: Die drei Bechergläser werden mit jeweils etwa 30 Milliliter Stärkelösung befüllt. Zum zweiten Becherglas gibt man anschließend Mundspeichel oder Amylase. In das dritte Becherglas pipettiert man erst einen Milliliter verdünnte Salzsäure und gibt dann den Mundspeichel hinzu. Danach pipettiert man in alle drei Bechergläser einige Tropfen Iod-Kaliumiodid-Lösung.
Beobachtung: Nach Zugabe der Iod-Kaliumiodid-Lösung färbt sich der Inhalt der Bechergläser 1 und 3 blau. Der Inhalt von Becherglas 2 färbt sich zunächst ebenfalls blau, entfärbt sich dann aber langsam.
Deutung: Die Blaufärbung von Iod-Kaliumiodid dient als Nachweis von Stärke. Somit lässt sich in den Bechergläsern 1 und 3 am Ende des Versuchs Stärke nachweisen. Dass sich der Inhalt von Becherglas 2 entfärbt, ist nur mit dem Abbau der Stärke zu erklären.

C2 Deuten Sie das Versuchsergebnis hinsichtlich der Stärkeverdauung beim Menschen!

In Gegenwart von Salzsäure findet kein Stärkeabbau statt. Das deutet darauf hin, dass die im Mundspeichel enthaltene Amylase nur im Mundraum wirken kann. Im Magen herrscht ein salzsaures Milieu. Das bedeutet, dass die stärkehaltigen Lebensmittel, die mit dem Mundspeichel geschluckt werden, im Magen durch den Mundspeichel nicht weiter abgebaut werden können.

Einflüsse auf die Enzymaktivität

Seite 114–117

1 Erläutern Sie den Einfluss von Temperatur und pH-Wert auf die Enzymaktivität!

Eine Erhöhung der Temperatur hat zur Folge, dass sich insbesondere die Substratmoleküle in der Zelle schneller bewegen und damit die Häufigkeit einer Kollision mit einem Enzymmolekül steigt. Nach der RGT-Regel führt dies bei einer Temperaturerhöhung von zehn Grad Celsius in etwa zu einer Verdoppelung der Reaktionsgeschwindigkeit. Dies gilt jedoch für die meisten Enzyme nur im physiologisch wirksamen Bereich oberhalb des Gefrierpunkts bis zu einer Temperatur von etwa 40 Grad Celsius.
Bei höheren Temperaturen werden innerhalb der Enzymmoleküle Wasserstoffbrückenbindungen gelöst und damit die räumliche Anordnung der Sekundär- und der Tertiärstruktur verändert, sie denaturieren. Da hiervon auch das aktive Zentrum betroffen ist, sinkt die Umsatzrate beziehungsweise die Wechselzahl der Enzyme. Bei einer weiteren Temperaturerhöhung ist die Denaturierung irreversibel.
Der pH-Wert beeinflusst die Struktur der Enzymmoleküle und insbesondere die des aktiven Zentrums, da die Ladungen der Carboxylgruppen und der Aminogruppen verändert werden. Dies hat zur Folge, dass die für die Sekundär- und Tertiärstruktur wichtigen Wechselwirkungen zwischen den geladenen Gruppen variieren. Eine Veränderung der Struktur im aktiven Zentrum führt dazu, dass das Substrat weniger gut oder gar nicht mehr dort binden kann.

2 Begründen Sie den Verlauf der Sättigungskurven enzymatischer Reaktionen mit und ohne Hemmstoffe!

Die Reaktionsgeschwindigkeit einer enzymatischen Reaktion steigt, wenn sich die Konzentration der Substratmoleküle erhöht. Dies ist darauf zurückzuführen, dass mit zunehmender Substratkonzentration die Wahrscheinlichkeit steigt, dass ein Substratmolekül mit dem aktiven Zentrum eines Enzymmoleküls in Kontakt tritt. Wenn alle aktiven Zentren der vorhandenen Enzymmoleküle besetzt, also gesättigt sind, führt eine weitere Erhöhung der Substratkonzentration nicht zu einer erhöhten Umsatzrate und deshalb nicht zu einer erhöhten Reaktionsgeschwindigkeit. Dieser Sachverhalt hat zur Folge, dass die Veränderung der Reaktionsgeschwindigkeit im Bereich geringer Substratkonzentrationen hoch ist, während sie im Bereich höherer Substratkonzentrationen immer geringer wird und schließlich keine Erhöhung der Reaktionsgeschwindigkeit mehr möglich ist. Grafisch aufgetragen führt dies zu einer Sättigungskurve.
Ein kompetitiver Hemmstoff konkurriert mit dem Substratmolekül um dasselbe aktive Zentrum eines Enzymmoleküls. Das hat zur Folge, dass in Gegenwart des

Hemmstoffs weniger Substratmoleküle mit dem aktiven Zentrum in Wechselwirkung treten und die Reaktionsgeschwindigkeit geringer ist als ohne Hemmstoff. Eine Erhöhung der Substratkonzentration erhöht auch in Gegenwart des Hemmstoffs die Wahrscheinlichkeit, dass ein Substratmolekül mit dem aktiven Zentrum in Kontakt tritt. Das heißt, die Reaktionsgeschwindigkeit steigt, jedoch langsamer als ohne Hemmstoff. Die resultierende Sättigungskurve verläuft demnach flacher, erreicht aber dennoch die Maximalgeschwindigkeit.
Ein nichtkompetitiver Hemmstoff bindet an einer zweiten Bindungsstelle des Enzymmoleküls. Er konkurriert nicht um das aktive Zentrum. Daher ist seine inhibitorische Wirkung unabhängig von der Konzentration der Substratmoleküle. Selbst eine sehr hohe Substratkonzentration hebt die Hemmstoffwirkung nicht auf. Die resultierende Sättigungskurve verläuft demnach nicht nur flacher, sie erreicht auch nicht die Maximalgeschwindigkeit.

Seite 118–119 (Material)

Material A – Enzymaktivität der Katalase in Abhängigkeit von der Temperatur

A1 Stellen Sie die Messwerte in einem Diagramm dar!
Individuelle Schülerlösungen

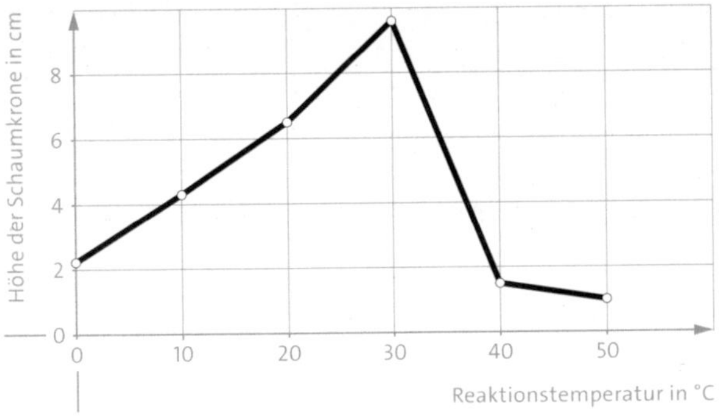

A2 Deuten Sie das Versuchsergebnis!
Der Kurvenverlauf des Grafen zeigt, dass die Schaumbildung von 0 Grad Celsius bis zu einer Temperatur von 30 Grad Celsius kontinuierlich ansteigt. Die Schaumbildung ist ein Indikator für die Sauerstoffbildung und damit für die Reaktionsgeschwindigkeit bei dieser enzymatischen Reaktion. Die gemessenen Werte entsprechen der RGT-Regel, nach der eine Zunahme der Temperatur um 10 Grad Celsius etwa eine Verdoppelung der Reaktionsgeschwindigkeit zur Folge hat.
Bei einer Temperatur von 40 Grad Celsius wird etwa gleich viel Schaum gebildet wie bei 0 Grad Celsius. Die geringe Schaumbildung kann mit der beginnenden Denaturierung der Katalase oberhalb von 30 Grad Celsius erklärt werden. Eine weitere Temperaturerhöhung hat eine stärkere Denaturierung und damit eine noch geringere Schaumbildung zur Folge.

A3 Bewerten Sie die Messmethode!
Die Messung der Höhe der Schaumkronen ist eine relativ ungenaue Methode zur Bestimmung der Katalasewirkung. Der mit dem Kartoffelsaft gebildete Schaum ist lediglich ein Hinweis auf den bei der katalytischen Reaktion freigesetzten Sauerstoff, der mit den entstehenden Blasen aufgefangen wird.
Ein präziseres Ergebnis ist zu erwarten, wenn man den Versuch in einem geschlossenen Gefäß ansetzt und das entstehende Gas über eine pneumatische Wanne quantitativ auffängt.

Material B – Enzymaktivität der Katalase im sauren- und im alkalischen Milieu

B1 Erstellen Sie eine Materialliste, führen Sie den Versuch durch und fertigen Sie ein Versuchsprotokoll an!
Fragestellung: Welchen Einfluss haben ein alkalisches und ein saures Milieu auf die Aktivität der im Kartoffelsaft enthaltenen Katalase?
Hypothese: Da die Katalase in der natürlichen Umgebung der Kartoffelzellen einem pH-neutralen Milieu ausgesetzt ist, ist anzunehmen, dass die Aktivität der Katalase sowohl im Sauren als auch im Alkalischen sinkt.
Geräte und Material:
- Schutzbrille
- drei Reagenzgläser
- Reagenzglasständer
- Kartoffelsaft
- verdünnte Salzsäure
- verdünnte Natronlauge
- Wasserstoffperoxidlösung
- 5 Pipetten

Durchführung: In die drei Reagenzgläser pipettiert man zunächst jeweils zwei Milliliter Kartoffelsaft. Anschließend pipettiert man in das erste Reagenzglas zwei Milliliter verdünnte Salzsäure, in das zweite Reagenzglas zwei Milliliter verdünnte Natronlauge und in das dritte Reagenzglas zwei Milliliter Wasser. Nachdem man die drei Reagenzgläser kurz geschüttelt hat, werden in alle drei Reagenzgläser fünf Milliliter Wasserstoffperoxidlösung hinzugefügt.
Beobachtung: In Reagenzglas drei setzt eine intensive Schaumbildung ein. In den Reagenzgläsern eins und zwei bildet sich nur wenig Schaum
Deutung: Die Schaumbildung in Reagenzglas drei ist auf die intensive Reaktion der Katalase mit der zugesetzten Wasserstoffperoxidlösung in pH-neutraler Umgebung zurückzuführen. Im sauren- und im alkalischen Milieu kommt es zu einer Denaturierung des Enzyms, da der niedrige pH-Wert in der sauren Lösung und der hohe pH-

Wert in der alkalischen Lösung die Ladungen der Aminosäuren im Enzym beeinflussen und damit die Struktur des aktiven Zentrums.

B2 Planen Sie einen weiteren Versuch, mit dem sie überprüfen können, bei welchem pH-Wert die Enzymaktivität ihr Optimum hat!
In diesem Versuch konnte lediglich nachgewiesen werden, dass Säuren und Basen einen Einfluss auf die Katalaseaktivität haben. Es lässt sich nicht daraus ableiten bei welchem pH-Wert das Enzym sein Optimum der Reaktionsgeschwindigkeit erreicht. Hierzu ist es nötig, unterschiedliche Reaktionslösungen anzusetzen, die sich um jeweils einen pH-Wert unterscheiden, beispielsweise eine Reihe von pH 3 bis pH 12. Anhand der Schaumbildung lässt sich der Einfluss des jeweiligen pH-Werts auf die Katalaseaktivität abschätzen.

Material C – Katalasewirkung und Substratkonzentration

C1 Erstellen Sie ein Diagramm, indem Sie auf der x-Achse die Konzentration der Wasserstoffperoxidlösung auftragen und auf der y-Achse die Höhe der jeweiligen Schaumkrone!

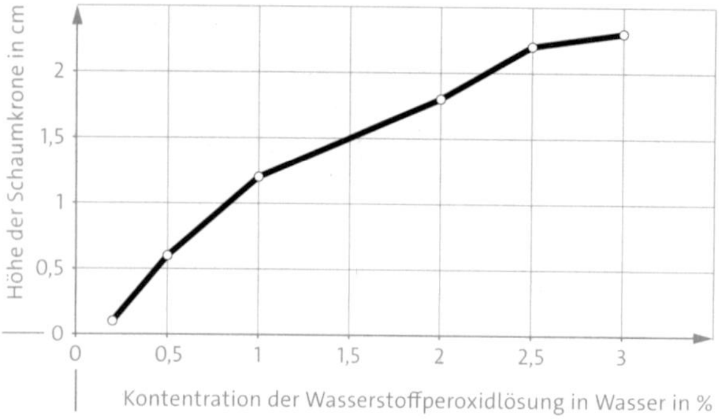

C2 Erklären Sie den Kurvenverlauf!
Mit der Wasserstoffperoxidlösung und dem destillierten Wasser werden verschiedene Wasserstoffperoxidkonzentrationen hergestellt. Dabei entspricht die unverdünnte Wasserstoffperoxidlösung der höchsten Substratkonzentration für das Enzym Katalase und die Verdünnung von einem Milliliter Wasserstoffperoxidlösung mit fünf Milliliter Wasser der niedrigsten Substratkonzentration dieser Versuchsreihe. Die Höhe der Schaumkronen steigen mit der Substratkonzentration. Das aus den beobachteten Werten erstellte Diagramm verdeutlicht, dass die ermittelten Werte eine Sättigungskurve ergeben. Mit dem Experiment wird somit bestätigt, dass die Reaktionsgeschwindigkeit dieser enzymatischen Reaktion den theoretischen Vorgaben entspricht.

C3 Stellen Sie eine Hypothese auf, wie sich eine weitere Erhöhung der Substratkonzentration auf die Schaumhöhe auswirkt!
Die Auswertung des Experiments zeigt, dass die Werte für die Höhe der Schaumkronen für die unverdünnte 3%ige Wasserstoffperoxidlösung und für die nur mit einem Milliliter Wasser verdünnte Wasserstoffperoxidlösung sich nur um 0,1 Zentimeter unterscheiden. Die daraus erstellte Sättigungskurve nähert sich dem Maximalwert. Daraus lässt sich folgern, dass eine weitere Erhöhung der Substratkonzentration nur eine sehr geringe Veränderung der Höhe der Schaumkrone erwarten lässt oder dass sie unverändert bei 2,3 Zentimetern sein wird.

Material D – Die Reaktion von Urease mit Harnstoff und mit N-Methylharnstoff

D1 Erstellen Sie eine Materialliste, führen Sie den Versuch durch und fertigen Sie ein Versuchsprotokoll an!
Fragestellung: Welchen Einfluss hat N-Methylharnstofflösung auf die Reaktion von Urease mit Harnstoff?
Hypothesen: Da N-Methylharnstoff eine ähnliche Struktur wie Harnstoff hat, könnte N-Methylharnstoff als Substrat ebenfalls mit Urease reagieren. Wenn N-Methylharnstoff das aktive Zentrum der Urease blockiert, könnte es als Hemmstoff für die Ureasereaktion mit Harnstoff wirken.
Geräte und Material:
- Schutzbrille
- fünf Reagenzgläser,
- Reagenzglasständer
- 1 %ige Harnstofflösung
- 5 %ige N-Methylharnstofflösung,
- Wasser
- Phenolphthaleinlösung
- 5 Pipetten

Durchführung: In die drei Reagenzgläser eins, zwei und drei pipettiert man zunächst jeweils zwei Milliliter Harnstofflösung. Anschließend pipettiert man in das zweite Reagenzglas zwei Milliliter Wasser und in das dritte Reagenzglas zwei Milliliter N-Methylharnstofflösung. In die Reagenzgläser vier und fünf werden jeweils 1 Milliliter Urease Suspension und drei Tropfen Phenolphthaleinlösung gegeben. Anschließend gießt man den Inhalt der Reagenzgläser vier und fünf in die Reagenzgläser zwei und drei.
Beobachtung: Der Inhalt von Reagenzglas zwei färbt sich violett. Gleichzeitig ist eine Gasentwicklung zu beobachten. In Reagenzglas drei ist nach einiger Zeit eine leichte Violettfärbung erkennbar, die langsam zunimmt. Die Gasentwicklung ist wesentlich geringer als in Reagenzglas zwei. In Reagenzglas eins ist keine Veränderung erkennbar.

Deutung: Die Violettfärbung in Reagenzglas zwei ist auf die Reaktion der Urease mit dem Substrat Harnstoff zurückzuführen. Harnstoff wird dabei in Kohlenstoffdioxid und Ammoniak gespalten. Das Kohlenstoffdioxid entweicht. Da Ammoniak in wässriger Lösung alkalisch reagiert, färbt sich der Indikator Phenolphthalein violett. Die Reaktion in Reagenzglas drei verläuft wesentlich verhaltener als in Reagenzglas zwei. Da N-Methylharnstoff eine ähnliche Struktur wie Harnstoff hat, lässt sich folgern, dass N-Methylharnstoff offensichtlich die Reaktion mit Harnstoff kompetitiv hemmt.

Material E – Wirkung von Salzen auf Urease

E1 Beschreiben Sie die Versuchsbeobachtungen!

Beobachtung: In Reagenzglas eins ist eine Gasentwicklung zu beobachten. Gleichzeitig färbt sich die Flüssigkeit violett. In den Reagenzgläsern zwei und drei sind keine Gasentwicklung und keine Violettfärbung zu erkennen. Der Inhalt von Reagenzglas vier färbt sich violett und es steigen Gasblasen auf.

E2 Deuten Sie die unterschiedlichen Reaktionen!

In Reagenzglas eins findet die enzymatische Reaktion zwischen Urease und Harnstoff statt, bei der Kohlenstoffdioxid und Ammoniak entstehen. Dass in den Reagenzgläsern zwei und drei keine Reaktion zu beobachten ist, lässt sich auf die Anwesenheit der Schwermetallsalze Kupfersulfat und Zinksulfat zurückführen, die das Enzym Urease vergiften, indem sie die Reaktion blockieren. Natriumchlorid ist kein Schwermetallsalz. Es hat unter den vorgegebenen Reaktionsbedingungen keine Auswirkung auf die enzymatische Reaktion.

Enzyme in Industrie und im Alltag

Seite 120–122

1 Begründen Sie den Einsatz von Enzymen in Produktion und Haushalt an jeweils einem Beispiel!

Enzyme werden sowohl in der Produktion von Textilien in der Industrie als auch bei der Reinigung im Haushalt eingesetzt. In der Produktion einer stonewashed Jeans dienen sie zum Beispiel der Veränderung von Aussehen und Design der Jeans. Im Haushalt spielen Enzyme bei der Reinigung von verschiedenen Verschmutzungen eine Rolle. Enzyme ermöglichen in beiden Fällen, durch die Katalyse chemischer Reaktionen, aufwändige chemische oder physikalische Behandlung der Textilien zu vereinfachen. Da Enzyme bei Reaktionen nicht verbraucht werden, wird die Menge an eingesetzten Hilfsmitteln geringer. Da Enzyme Reaktionen so beeinflussen, dass ein geringerer Energiebedarf zur Aktivierung der Reaktion benötigt wird, ist der Einsatz ressourcenschonend.

2 Erläutern Sie die Bedeutung von Waschmittelenzymen für die Umwelt! Nehmen Sie die Abbildung 02 und 03 zu Hilfe!

Die Abbildung 02 zeigt die Waschaktivität von Waschmitteln mit und ohne Proteasen. Die Waschaktivität ohne Enzym steigt linear langsam an und erreicht ihren Höhepunkt bei 100 Grad Celsius. Bei Waschmitteln mit Enzymen liegt das Optimum der Waschaktivität zwischen 40 und 60 Grad Celsius. Außerdem entfaltet das Waschmittel mit Enzymen durchgehend eine höhere Waschaktivität. Es lässt sich folgern, dass geringere Waschtemperaturen für die Entfernung von Proteinverschmutzung ausreichen. Das bedeutet sowohl Einsparung von Energie zum Aufheizen des Wassers als auch Reduktion von Waschmittelmengen, da Enzyme bereits in sehr geringen Mengen arbeiten.

In der Abbildung 03 wird deutlich, dass im Laufe der Jahre von 1972 bis 2008 der Anteil der Waschgänge mit hohen Temperaturen (Kochwäsche) von 42 % auf 8 % zurückgegangen ist, während der Anteil von Wäschen mit niedrigen Temperaturen (30 und 40 Grad Celsius) von 35 Prozent bau 65 Prozent im selben Zeitraum angestiegen ist. Die Veränderungen der Waschtemperaturen sind auf die Verbreitung von Waschmitteln mit Enzymen zurückzuführen. Durch die Reduktion der Waschtemperaturen wird der Energieverbrauch pro Waschgang deutlich reduziert.

3 Recherchieren Sie weitere biotechnologische Einsatzmöglichkeiten von Enzymen in Industrie und Alltag!

Individuelle Schülerlösung

Zusatzinformation: Bei der Recherche nach weiteren Einsatzmöglichkeiten von Enzymen können folgende Stichwörter helfen: Lebensmittelherstellung (z. B. Pektinasen für die Gewinnung von Säften; Amylasen und Glukose-Isomerasen zur Erzeugung von Fruktose-Sirup, der besonders in den USA weit als HFS Maissirup weit verbreitet ist; Proteasen bei der Fleischverarbeitung); Landwirtschaft (Futtermittel, Aminosäurezusätze, Phytase zur besseren Verwertung von Phosphaten); Erzeugung von Bioplastik, Biodiesel aus nachwachsenden Rohstoffen; Einsatz von Enzymen in der Diagnostik). Einen guten Überblick geben zum Beispiel Broschüren des Bundesministeriums für Bildung und Forschung BfBF zu Biotechnologie.

4 Beschreiben Sie die Vorgehensweisen der Gewinnung von Enzymen für neue Anwendungen!

Grundsätzlich können Enzyme aus Organismen gewonnen werden, die diese synthetisieren.

Einige Verfahren, die genutzt werden sind:

– Isolierung aus Geweben von Lebewesen, zum Beispiel Bauspeicheldrüse, Magen, Darm.

- Produktion von Enzymen durch Mikroorganismen oder Zellen
- Selektion von Mikroorganismen und Züchtung von Mikroorganismen mit dem gesuchten Gen für das Enzyme
- Produktion von Enzymen durch gentechnisch veränderte Mikroorganismen (optimierte Mikroorganismen durch Einschleusen von Genen)

Die Mikroorganismen und Zellen werden in Bioreaktoren (Fermentern) unter kontrollierten Kulturbedingungen vermehrt und gehalten. Dazu werden die Mikroorganismen in ein flüssiges Nährmedium in große Stahlkessel eingebracht. Die Lebensbedingungen werden konstant gehalten Die Mikroorganismen produzieren während ihres Lebens Proteine. Dabei sind auch die gesuchten Enzyme. Diese werden gefiltert und weiterverarbeitet.

Zusatzinformation: Die Enzyme können entweder extrazellulär produziert werden oder sie müssen bei der intrazellulären Produktion aus den Zellen gewonnen werden. Sowohl Nährstoffe, als auch die Temperatur, der pH-Wert und die Sauerstoffzufuhr werden genau abgestimmt und kontrolliert, sodass ein optimales Wachstum, das heißt eine Vermehrung der Bakterien oder Pilze, erfolgt.

5 Nennen Sie Vor- und Nachteilen des Einsatzes von Enzymen und erläutern sie ihre Bedeutung für unseren Alltag!

Als Vor- und Nachteile des Einsatzes von Enzymen können die Schülerinnen und Schüler verschiedene Aspekte heranziehen und diese erläutern:

- Energiebilanz (Einsparpotenzial)
- Gefährdung für Gesundheit (Allergien durch Fremdproteine)
- Katalyse von ansonsten sehr aufwändigen chemischen Reaktionen
- Abbau von schädigenden Stoffen
- Gewinnung neuer Medikamente
- Einsatz in Analytik und Diagnostik zur Bestimmung von Risiken, zur Anwesenheit von Stoffen
- Ressourceneinsatz (Mengen an Rohstoffen; Mengen an weiteren Ressourcen)
- Zugänglichkeit/Handhabbarkeit
- Gefährdung für Umwelt
- Indirekte Wirkungen auf Umwelt und Wirtschaft
- Soziale Folgen

Zusatzinformation: Für eine abwägende Bewertung lässt sich das Dreieck nachhaltiger Entwicklung (Drei-Säulen-Modell) heranziehen.

Seite 123 (Material)

Material A – Waschtemperaturen und Textilhygiene

A1 Beschreiben Sie die in den Abbildungen A und B dargestellten Untersuchungsergebnisse!

In den Untersuchungen wurde die Temperatur- und pH-Empfindlichkeit von Mikroorganismen im Labor untersucht. Es wurde anhand von *E. coli* Bakterien untersucht, wie viele Mikroorganismen in 10er-Potenz pro ml überleben, wenn sie Waschmittellösungen unterschiedlicher Temperaturen und pH-Werten ausgesetzt wurden. In allen Tests lag zunächst eine Belastung der Wäsche mit 10^9 Mikroorganismen pro ml als Ausgangswert vor. Die Abb. a zeigt die antibakterielle Wirkung verschiedener Waschtemperaturen und pH-Werte in Abhängigkeit von der Zeit. Bei 55 Grad Celsius werden bei einem pH von 10 innerhalb von 5 Minuten fast alle *E. coli* Bakterien abgetötet. Dieselbe Wirkung wird bei einem niedrigeren pH-Wert von 7 nach 20 Minuten erreicht. Bei 50 Grad Celsius bei einem pH-Wert von 10 überleben circa 10^2 Mikroorganismen nach 40 Minuten. Bei niedrigeren pH-Wert liegt die Anzahl der überlebenden Mikroorganismen bei 10^6 bis 10^7 Mikroorganismen pro Milliliter. Wird einer Waschlauge zusätzlich ein Bleichmittel hinzugefügt, so zeigt sich, dass bei einem pH-Wert von 10 die Keimbelastung bei 50 Grad Celsius innerhalb von 20 Minuten auf unter 10^1 pro Milliliter sinkt, bei 30 Grad Celsius und einem pH von 10 sinkt die Erregerkonzentration innerhalb von 40 Minuten auf 100 Erreger pro ml.

Zusatzinformation:

Eins	10^0	1
Zehn	10^1	10
Hundert	10^2	100
Tausend	10^3	1000
Zehntausend	10^4	10000
Hunderttausend	10^5	100000
Million	10^6	1000000
Milliarde	10^7	10000000

A2 Werten Sie die Versuchsergebnisse vergleichend aus!

Im Labor zeigt sich, dass *E. coli* Bakterien empfindlich auf die Temperaturerhöhung der Waschlauge reagieren. Über 55°C werden *E. coli* Bakterien – weitgehend unabhängig vom pH-Wert innerhalb von 20 Minuten abgetötet. Bei 50°C werden nur bei einem höheren pH-Wert genügend Bakterien abgetötet. Die Mikroorganismenbelastung liegt nach einer Einwirkzeit von 40 Minuten bei 10^2 pro ml (*Information für die Lehrkraft: das entspricht dem Grenzwert).* Ein höherer pH-Wert beschleunigt insgesamt die bakterizide Wirkung. Bleichmittelzusatz verbessert die abtötende Wirkung des Wachsmittels bei 50 Grad Celsius deutlich, unabhängig vom pH-Wert. Wird eine Waschtemperatur von 30 Grad Celsius gewählt, bei der ohne Bleichmittel keine ausreichende Reduktion der Belastung durch Mikroorganismen erfolgen würde, so wird bei einem pH von 10, der in Waschmitteln vorliegt, die Erregerbelastung

nach 40 Minuten soweit reduziert, wie bei einer Temperatur von 50 Grad Celsius ohne Bleichmittel. Der Bleichmittelzusatz in Vollwaschmitteln ermöglicht es also, mit niedrigeren Temperaturen zu waschen und trotzdem – bei entsprechender längerer Waschdauer – eine deutliche bakterizide Wirkung zu erlangen.
Zusatzinformation: oxidativ wirkende Bleichmittel haben allerdings eine denaturierende Wirkung auf Enzyme. Deshalb werden Enzyme gesucht und gentechnologisch produziert, die eine hohe Unempfindlichkeit gegenüber Bleichmitteln besitzen. Zudem werden nichtoxidierende Bleichmittel eingesetzt.

A3 Diskutieren und begründen Sie welche Temperaturen für das Waschen von verschiedenen Textilien zu empfehlen sind! Nehmen Sie dazu die Abbildung C zu Hilfe!
Die Grafik zeigt die Aktivität von Waschmittelenzymen in Abhängigkeit von der Temperatur. Lipasen entfalten eine hohe Aktivität bereits bei niedrigen Temperaturen von 20 Grad Celsius. Zwischen 30 und 40 Grad Celsius arbeiten sie optimal. Über 40 Grad Celsius fällt ihre Aktivität auf 60 Prozent. Stärkespaltende Amylasen besitzen eine geringe Aktivität bis 40 Grad Celsius, zwischen 40 und 70 Grad C steigt die Enzymaktivität stark an, über 70 Grad Celsius liegt sie bei 100 Prozent. Bei Proteasen liegt das Temperaturoptimum bei 60 Grad Celsius. Alle Versuche wurden bei einem gleichbleibenden pH-Wert von 10 durchgeführt (das entspricht dem Wert einer typischen Waschmittellauge.) Betrachtet man die Optima der Waschmittelenzyme, so ist erkennbar, dass besonders die hier getesteten Lipasen ihr Optimum bei einer viel niedrigeren Waschtemperatur haben. Die Proteasen entfalten gute Waschwirkung bei 60 Grad Celsius, Amylasen bei 70 Grad Celsius und höher. Zieht man zusätzlich die Informationen zum Einsatz des Bleichmittels heran, so ist erkennbar, dass dann eine bakterizide Wirkung auch bei niedrigeren Temperaturen und hohem pH-Wert erreichbar sind.
Beim Waschen mit enzymhaltigen Waschmitteln muss die Waschtemperatur passend gewählt werden. Je nach verwendeten Enzymen sollte die Waschtemperatur nicht über 60 Celsius liegen, da einige der Enzyme dann ihre optimale Wirksamkeit verlieren. Im Sinne der Energieeinsparung ist es möglich, auch Temperaturen unter 60 Grad Celsius (also zum Beispiel 40 Grad Celsius) zu verwenden, auch wenn dort nicht alle Enzyme optimal arbeiten. Das lässt sich aber durch die Verlängerung der Einwirkzeit ausgleichen. Allerdings sollte man, je nach Verschmutzungsart evtl. Spezialwaschmittel verwenden, sodass zum Beispiel Wäsche mit vor allem fetthaltiger Verschmutzung bei niedrigeren Temperaturen gewaschen werden können. Zu beachten ist allerdings außerdem, dass besonders bei Wäsche, die bakteriell belastet sein könnte (Unterwäsche; Krankenhauswäsche), höhere Waschtemperaturen zu bevorzugen sind beziehungsweise Vollwaschmittel mit – bakterienabtötenden – Bleichmittel vorzuziehen sind.
Diskussionsaspekte: Bei der Bewertung kann man verschiedene Aspekte gegeneinander abwägen: aus umweltbezogenen Gründen lässt sich vor allem der Energieaufwand beim Aufheizen des Waschwassers reduzieren, wenn mit niedrigeren Temperaturen gewaschen wird. Der Einsatz von Enzymen spart zudem stoffliche Ressourcen, da nur wenig Enzym eingesetzt werden muss. Beide Aspekte haben positive wirtschaftliche Folgen für Industrie und Haushalte. Allerdings muss auch der gesundheitliche Aspekt berücksichtigt werden: Schmutz ist nicht gleich Schmutz. Bakteriell belastete Wäsche wird nur unter bestimmten Bedingungen (eher hohen Waschtemperaturen und hohen pH-Werten oder langen Einwirkzeiten) zuverlässig abgetötet. Der Zusatz von Bleichmitteln ist wiederum auf die Risiken für Abwasser und Umwelt aber auch die Schonung von farbigen Textilien zu diskutieren. Als Empfehlung lässt sich aus den vorliegenden Untersuchungen ableiten, dass entweder ein Kompromiss bei den Temperaturen gemacht werden muss, auf Kosten der Waschwirksamkeit und Hygiene, lange Waschzeiten in Kauf genommen werden müssen oder die Wäsche vorsortiert und bei unterschiedlichen Temperaturen und mit unterschiedlich zusammengesetzten Waschmitteln gewaschen werden sollte. Küchenlappen und Handtücher, besonders, wenn sie durch Krankheitserreger belastet sein können, sollte man auf jeden Fall bei über 55 Grad Celsius waschen, um sicher zu stellen, dass die Wäsche nicht nur sauber, sondern auch hygienisch „rein" wird.

Material B – Laktosefreie Milch bei Laktoseunverträglichkeit

B1 Vergleichen Sie die Vorgänge im Darm bei Zufuhr von Milch bei einem laktosetoleranten und einem von Laktoseintoleranz Betroffenen!
Die Abbildung zeigt schematisch die Verdauung von Milchzucker im Darm. Bei einem Menschen, zum Beispiel einem Säugling, der Laktose verträgt, wird durch das Enzym Laktase, das offenbar in der Darmwand vorhanden ist, Laktose in die beiden Monosaccharide Glukose und Galaktose gespalten. Diese beiden Abbauprodukte werden im Dünndarm aufgenommen. Bei einer Person mit Milchzuckerunverträglichkeit, der Laktoseintoleranz, fehlt das membrangebundene Enzym. Die Laktose gelangt unverdaut in den Dickdarm. Dort wird sie von Bakterien zur Ernährung genutzt. Dabei entstehen Gase. Außerdem ist Laktose osmotisch wirksam: es verbleibt Wasser im Darm, das sonst im Gewebe gebunden bliebe, es entstehen Durchfälle.

B2 Beschreiben Sie die Herstellung laktosefreier Milch anhand des vereinfachten Modells und erläutern Sie die Vorteile der Immobilisierung des Enzyms!
Milch wird in ein Gefäß gefüllt und über Enzyme geführt. Dadurch wird die Laktose in der Milch in die Monosaccharide zerlegt. Dieser Prozess wird mehrfach wiederholt. In der gezeigten schematischen Darstellung der Herstellung von laktosefreier Milch wird deutlich, dass die Enzyme immobilisiert werden, das heißt, an Träger – hier in Alginatkügelchen – gebunden werden. Dadurch sind sie mehrfach verwendbar und werden im Prozess nicht weggeschwemmt. Die Milch wird über die immobilisierten Enzyme geführt und dann mehrfach durch die gebundenen Enzyme getropft. Dadurch wird die enthaltene Laktose zuverlässig und unter geringem Verbrauch von Enzymen gespalten. Außerdem gelangen die Enzyme nicht in die Milch.

B3 Diskutieren Sie die Vor- und Nachteile von laktosefreien Produkten gegenüber Laktasetabletten!
Bei der Zufuhr von Enzym vor oder während der Mahlzeit wird das fehlende Enzym im Darm zum Teil kompensiert. Allerdings ist die Dosierung nicht einfach, da ein Teil der Enzyme im Magen die Wirksamkeit verliert und die Menge an Laktose im Nahrungsmittel häufig auch nicht klar ist. Anderseits lassen sich durch die Laktasetabletten alle Nahrungsmittel nutzen. Laktosefreie Produkte werden industriell hergestellt. Die laktosefreie Milch enthält Einfachzucker, die sie etwas süßer schmecken lässt. Aus ihr können die verschiedenen Produkte produziert werden. Laktosefreie Milch ist aufgrund der industriellen Behandlung teurer.
Weitere Aspekte der Diskussion können sein: Nebenwirkungen; ökonomische Aspekte; Herstellung des industriellen Enzyms durch Mikroorganismen; kulturgeschichtliche Nutzung von Milch in verschiedenen Produkten, die durch die Herstellung bereits leichter verdaulich sind (Käseherstellung).
Zusatzinformation: zum Teil wird die Unverträglichkeit nur vermutet und gar nicht nachgewiesen; zum Teil lassen sich die Symptome der Unverträglichkeit auch durch schrittweise Gewöhnung an Milchzucker reduzieren. Da evolutionsbiologisch gesehen eher die Laktosetoleranz die Ausnahme und die Laktoseintoleranz die Regel ist, könnte auch diskutiert werden, inwieweit durch die Gabe von Tabletten oder die Herstellung von laktosefreien Produkten die Vorstellung einer Krankheit entsteht. Da Mutationen häufig die Vorstellung von negativ hervorrufen, ist dies auch als Beispiel für die Bedeutung von Stoffwechselvarianten beim Menschen zu nutzen

Stoffwechsel und Energie

2 Stoff- und Energieumwandlung

Energiebereitstellung in der Zelle

Seite 124–126

1 Beschreiben Sie wie die Energieversorgung der Muskelzellen gewährleistet wird!

Zur Energiebereitstellung für die Ermöglichung von Muskelarbeit nutzt der Körper die mit der Nahrung aufgenommenen Nährstoffe, die er unter Verbrauch von Sauerstoff verwertet und dabei ein universal einsetzbares Molekül herstellt, ATP. Die im Blut vorhandene Menge an gelöster Glukose ist zu gering, um den Energiebedarf für eine länger andauernde Belastung wie beispielsweise einen dreieinhalbstündigen Marathonlauf abzudecken. Daher greift der Körper auf andere körpereigene Energiespeicher zurück. In den Muskeln und in der Leber ist Glykogen gespeichert, welches zu den Kohlenhydraten gehört. Dieser Glykogenvorrat reicht beim Marathonlauf jedoch nur für 60-90 min. Eine weiterer Energiespeicher, auf den Körper zurückgreifen kann, stellen körpereigenen Proteine in Form von Muskelproteinen dar. Die darin enthaltene Energie reicht theoretisch in Ruhe für mehrere Tage.

Ein weiterer Energiespeicher stellt das Körperfett dar, er reicht in Ruhe ebenfalls für mehrere Tage, allerdings länger als bei Proteinen. Die Nutzung aller Speicher stellt die Muskelarbeit sicher. Der Abbau von Kohlenhydraten geschieht im Vergleich zur Nutzung von Fetten und Proteinen, am schnellsten und am leichtesten. Diese Art der Energiebereitstellung liefert bezogen auf die ausgetauschten Gase den Respiratorischen Quotienten von 1,0, das heißt pro Zeiteinheit ist die ausgeatmete Kohlenstoffdioxidmenge im Verhältnis zum gleichzeitig aus der Luft aufgenommenen Sauerstoff gleich groß. Zum Abbau von Fetten und Proteinen ist mehr Sauerstoff nötig als Kohlenstoffdioxid ausgeatmet wird. Der RQ für Fette beträgt 0,7, bei Proteinen liegt er bei 0,81. Die Stoffwechselwege für den Abbau von Fetten und Proteinen sind langsamer, daher werden diese Vorräte üblicherweise nur bei längerer Aktivität in Anspruch genommen.

Je nach Art der Belastung nutzt der Körper also verschiedene Energiespeicher, zum Teil auch in Kombination.

Zusatzinformation: In Ruhe reicht der Glykogenspeicher für ca. 18-24 Stunden. Der Vorrat an körpereigenen Proteinen reicht in Ruhe für 10-12 Tage. Der gesamte Proteinspeicher kann jedoch nicht aufgebraucht werden. Der Verlust von mehr als 40% des Körpereiweißbestands ist mit dem Leben unvereinbar.

Der Vorrat an Körperfett reicht in Ruhe für 50-60 Tage. Dieser Energiespeicher hat außerdem den größten Masseanteil am Körpergewicht.

Als Folge eines gezielten Trainings beginnt beim Marathonläufer die Fettverbrennung bereits früher, nämlich schon dann, wenn noch nicht alle Glykogenspeicher aufgebraucht sind. Somit erhält der Läufer länger die leichter verfügbaren Kohlenhydrate als Energiequelle. Die Aufnahme kohlenhydrathaltigen Proviants wie beispielsweise Bananen liefert kurzfristig neue verwertbare Kohlenhydrate. Hierbei sind aber aus anderen Gründen (Belastung des Verdauungstraktes während des Laufes) mehr als zwei Bananen für den Läufer nicht förderlich.

Seite 127 (Material)

Material A – Bedeutung von ATP

A1 Erläutern Sie die biologische Bedeutung von Motorproteinen und beschreiben Sie anhand der Abbildung A die Bedeutung des ATP für zelluläre Bewegungsabläufe!

Motorproteine dienen zum Stofftransport über Distanzen innerhalb der Zelle, die allein durch Diffusion nicht effektiv zu überwinden wären, zum Beispiel dem Transport von Neurotransmittern entlang des Axons vom Soma bis zum Endknöpfchen. Der Transport erfolgt mithilfe von so genannten Motorproteinen entlang der Strukturen des Cytoskeletts (Mikrotubuli, Mikrofilamente). Kinesin ist ein Beispiel für ein Motorprotein, das entlang von Mikrotubuli im Axon eines Neurons transportiert.

Es besitzt eine Bindungsregion für das zu transportierende Molekül, hier ein mit Neurotransmittern beladenes Vesikel, sowie eine Bindungsregion für ATP, deren Zustand Einfluss auf die Konformation von zwei weiteren Molekülteilen, die mit dem Mikrotubulus interagieren und als 'Köpfe' bezeichnet werden (obwohl sie funktional eher Füßen ähneln).

Durch die wiederholte Abfolge verschiedener Bindungszustände des ATP bzw. ADP an den Kinesinköpfen und den daraus resultierenden Konformationsänderungen ergibt sich ein mikroskopisch sichtbares Entlangwandern des Kinesins am Mikrotubulus.

Beide "Köpfe" des Kinesins (die in Abb. A als Füße dargestellt sind) besitzen Bindungsstellen für ADP. Ausgangssituation t=0: ein Kopf bindet zufällig am Mikrotubulus, ADP wird freigesetzt. In die Nukleotid-Bindungsstelle des nun gebundenen Kopfes kann jetzt ein ATP andocken, dies führt zur räumlichen Verlagerung des anderen Fußes - er wird "vorgeworfen" und bindet an der nächsten, freien Stelle auf dem Mikrotubulus ["Schritt nach vorne"]. Das gebundene ATP am anderen Kopf wird zu ADP +P hydrolysiert, das Phosphat wird freigesetzt, ADP bleibt gebunden. An dem eben vorgeworfenen, nun auch am Mikrotubulus gebundenen Fuß löst sich das ADP, die Nukleotidbindungsstelle wird frei, ATP dockt an, bewirkt Voranwerfen des anderen Kopfes zur nächsten Bindungsstelle am Mikrotubulus. Mikroskopisch lässt sich die "schrittweise" Positionsverlagerung des Kinesins am Mikrotubulus entlang beobachten. Das Protein mitsamt gekoppelter Fracht "wandert" am Mikrotubulus entlang.

A2 Erläutern Sie die Reaktion zwischen ATP und dem Membranprotein mithilfe der Abbildung B! Nennen Sie die geleistete Arbeit und beschreiben Sie deren Bedeutung für die Zelle!

In Abbildung B ist ein integrales Membranprotein dargestellt, welches als Carrier fungiert. Ein Carrierprotein kann unter Bindung von ATP eine Konformation annehmen, die einen aktiven Stofftransport über die Zellmembran ermöglicht. So kann die Zelle Stoffe gegen das Konzentrationsgefälle anreichern und Gradienten schaffen bzw. erhalten.

A3 Beschreiben Sie die enzymkatalysierte Reaktion mithilfe der Abbildung C und erläutern Sie das Prinzip der energetischen Kopplung mit ATP als Coenzym einer enzymatischen Reaktion!

Das Enzym weist im aktiven Zentrum Bindungsstellen für Substrat und Cosubstrat auf, sodass die Reaktion, in diesem Fall die Phosphorylierung des Substrats Glukose erfolgen kann. Das Produkt, Glukose-6-Phosphat, geht reaktionsbereit aus dieser enzymatischen Reaktion hervor und verlässt genau wie das Cosubstrat das aktive Zentrum. Das Cosubstrat ist nun wieder bereit für eine erneute Aufnahme eines Phosphats. Es geht hier um chemische Arbeit (Stoffumbau).

Die Tertiärstruktur eines Enzymproteins stellt eine entsprechende räumliche Struktur dar, in der sowohl das Substrat als auch das Cosubstrat, hier ATP andocken können. Die für das ATP charakteristische chemische Reaktion, die Hydrolyse des ATP-Moleküls, stellt eine Energie bereitstellende, exergonische, Reaktion dar. Sie läuft unabhängig von der damit gekoppelten Energie verbrauchenden, endergonischen, Reaktion des Partners, immer gleich ab. Das Prinzip der energetischen Kopplung nutzt die durch die Hydrolyse des ATPs bereitgestellte Energie zur Ermöglichung einer anderen, damit gekoppelten endergonischen Reaktion. Dieses Prinzip ist universell und wird als energetische Kopplung bezeichnet.

Material B – Hungerstoffwechsel

B1 Beschreiben Sie die typischen Stoffwechselprozesse der drei Phasen des Hungerstoffwechsels als Anpassungen an die fehlende Nahrungsaufnahme!

Bis zu 4 Stunden nach der letzten Mahlzeit: Mobilisation von Glykogenreserven, Energiebereitstellung aus Kohlenhydraten

Frühe Hungerphase 1.- 4. Tag): Die Gluconeogenese kommt in Gang, langsam auch die Nutzung von Fettspeichern.

Späte Hungerphase (4.- 6. Woche): Anteil des fettverbrennenden Stoffwechselweges, der Lipolyse, überwiegt nun deutlich im Vergleich zu der Nutzung körpereigener Proteine als Energiequelle mittels Gluconeogenese. Die Nutzung der Proteine bleibt gleichbleibend niedrig und unterschreitet diesen geringen Anteil nicht weiter, weil die Energiebereitstellung hauptsächlich aus vorhandenen Fettreserven gespeist wird.

Wenn die Fettdepots erschöpft sind, stellen die Proteine die einzige verbleibende Brennstoffquelle dar. Der Proteinabbau nimmt zu und es kommt dann unvermeidlich zum Tod durch Herz-, Leber oder Nierenversagen.

Zusatzinformation: Die Leber gibt das gespeicherte Glykogen als freie Glukose ins Blut ab, sie verfügt über das Enzym Glukose-6-Phosphatase. Glykogen ist auch in den Muskeln gespeichert, aber diese können Glukose nur für sich selbst nutzen und nicht ins Blut freigeben.

Die Gluconeogenese stellt den dominierenden Stoffwechselprozess während der ersten 10 Tage dar. Sie läuft hauptsächlich in Leber und Nieren ab und führt zum Aufbau von Glukose aus glucoplastischen Aminosäuren, die gewonnen werden durch den Abbau von Eiweißreserven, z.B. Muskulatur (sowie Eiweiße aus Blut, subkutanem Gewebe und den Basalmembranen der Kapillaren). Die Gewinnung von Zuckern aus Köperfett, welches zuvor durch Lipolyse in Glycerin und Fettsäuren abgebaut wurde, findet bereits ebenso statt, allerdings in einem sehr geringen Umfang. Anstelle von Glukose werden nun die freien Fettsäuren (und Ketonkörper) direkt verbrannt. Der vorherrschende Stoffwechselweg zum Abbau der Fettsäuren heißt Fettsäureoxidation (das beim lipolytischen Fettabbau entstehende Glycerin wird weiterhin in die Gluconeogenese eingespeist). Ketonkörper bildet der Körper, wenn wenig KH und viel Fettsäuren im Blut vorhanden sind. Die Oxidation von Ketonkörpern dient der Energiebereitstellung in Gehirn und auch im Herzmuskel. Die Ketonverbrennung ersetzt die Zuckerverbrennung größtenteils.

B2 Beschreiben Sie anhand der Abbildungen die zeitliche Abfolge der Nutzung der körpereigenen Energiespeicher!

Die Grafik zeigt prozentualen Brennstoffanteile verschiedener Energiespeicher in kg in Abhängigkeit zur Dauer der Hungerperiode in Tagen. Der körpereigene Glykogenspeicher ist nach Stopp der Nahrungszufuhr zunächst die Hauptenergiereserve. Dieser Speicher wird im Laufe der ersten 1–2 Tage bereits aufgebraucht. Zeitgleich setzt auf

anteilig niedrigerem Niveau bereits die Nutzung von körpereigenen Proteinen (Muskelproteine) und Fettreserven ein. Die Nutzung der Proteinreserven zur Zuckergewinnung mittels Gluconeogenese sinkt jedoch wieder rasch auf ein gleichbleibendes niedriges Niveau ab, während die Bereitstellung aus Fettreserven weiter kontinuierlich bis zu ihrem Maximalwert ansteigt. Somit werden nach ca. einer Woche im Folgenden vorrangig nur die Fettreserven zur Energiebereitstellung genutzt.
Zusatzinformation: Diese stoffwechselphysiologische Situation erhält die lebenswichtigen Körperfunktionen für ca. 5 Wochen. Ab der sechsten Woche sinken sowohl restliche Fett- als auch Proteinanteile stark. Im weiteren Grafenverlauf wäre zu erwarten, dass der Fettvorrat früher aufgebraucht sein wird als die Proteine. Wenn diese schlussendlich auch herangezogen werden, ist das Überleben nicht mehr möglich.

B3 Leiten Sie die zu erwartenden RQ-Werte für die einzelnen Phasen ab! Begründen Sie, weshalb der Körper in der Anfangsphase des Hungerns stärker auf Proteine zurückgreift als auf Fette und dies erst in einer späteren Phase umgestellt wird!
Zu erwartende RQ Werte: zu Beginn: nahe 1,0 oder sogar 1,0 (Nutzung von Kohlenhydraten). Später sinkt er auf Werte 0,8 bis 0,7 ab (Umstellung auf Proteinnutzung bzw. Fettverbrennung). Im Vergleich zu den fettabbauenden Stoffwechselwegen läuft die Gluconeogenese schneller an und lässt sich gut aus Proteinreserven speisen, die zu diesem Zeitpunkt noch nicht geschont werden müssen. Um die Umwandlung lebenswichtiger Proteine zu Glukose einzuschränken, greift der Körper zunehmend stärker auf seine massenanteilig größten Energiespeicher, das Fettgewebe, zurück.
Zusatzinformation: Die Skelettmuskulatur hat am Körpergewicht (KG) einen Anteil von 40 Prozent und am Energiebedarf in Ruhe bereits einen Anteil von 22 Prozent . Verglichen mit dem Energiebedarf eines ruhenden Fettgewebes ist das fast das Vierfache (Muskulatur im Schlaf: 13kcal/kgKG/Tag; Fettgewebe: 3,5 kcal/kgKG/Tag). Die Nutzung der Muskelproteine für die Gluconeogenese reduziert also auch den Anteil an stark energiebedüftigen Geweben und hilft dem Organismus, seinen Grundumsatz zu senken.

Seite 128–129 (Im Blickpunkt Biochemie: Kohlenhydrate)

1 Vergleichen Sie die drei Gruppen der Kohlenhydrate in tabellarischer Form!

	Monosaccharide	**Disaccharide**	**Polysaccharide**
Kettenlänge	Gerüstlängen von 3-7 Kohlenstoffatomen	zwei Einzelbausteine, die zu einer Kette verbunden sind	mehrere Hundert Einzelbausteine, die zu einer Kette verbunden sind
Bindungstyp	-/-	glykosidische Bindung	glykosidische Bindung
Struktur des Moleküls	Kettenform oder Ringform	zwei miteinander verbundene Ringformen	mehrere miteinander verbundene Ringformen -unverzweigte, lineare Ketten -verzweigte Ketten, bei denen Seitenketten mit der Hauptkette verbunden sind
Eigenschaften	wasserlöslich, süß	unterschiedlich	unterschiedlich
Vorkommen	-in Glykolyse und Calvinzyklus (Glycerinaldehyd) -Bestandteil von RNA (β-Ribose) -Bestandteil von DNA (β-Desoxyribose) -süße Früchte, Honig (Fruktose) -als Baustein anderer Zweifachzucker	-in Zuckerrohr und Zuckerrübe (Saccharose), als Haushaltszucker (Saccharose) -Abbauprodukt der Stärkespaltung durch Amylase (Maltose) -Milch (Laktose) -Abbauprodukt bei der Zellulosespaltung durch Verdauungsenzyme (Zellubiose)	-pflanzliche Zellen, z. B. Kartoffelzellen (Stärke: Typ Amylose und Amylopektin) -Muskel und Leberzelle, Pilzzelle (Stärke: Typ Glykogen) -Zellwand der pflanzlichen Zellen (Zellulose)
Funktion	Reservestoff, Baustoff	Reservestoff	Reservestoff, Baustoff

Glykolyse

Seite 130–132

1 Fassen Sie die Erkenntnisse zur Zellatmung als Ergebnisse der Blackbox-Methode zusammen! Berücksichtigen Sie dabei die Untersuchungen von Muskelbrei und Zellhomogenaten!

Glukose-6-phosphat und Fruktose-6-phosphat steigern im Zellhomogenat den Sauerstoffverbrauch genauso wie Glukose. Nach der Zugabe von Glukose zu einem Zellbrei kann man erhöhte Konzentrationen von Glukose-6-phosphat und Fruktose-6-phosphat im Zellbrei nachweisen. Aus beiden Ergebnissen kann man schlussfolgern, dass nicht nur im Zellbrei sondern auch in Zellen Glukose in Glukose-6-phosphat und dieses in Fruktose-6-phosphat umgewandelt werden könnte. Da Enzyme entdeckt wurden, die solche Umwandlungen katalysieren, ist die Schlussfolgerung sinnvoll. Die Blackbox Zelle ist hier zwar aufgebrochen worden, allerdings ohne dadurch zu erkennen, was in ihr abläuft. Die zugesetzten Stoffe reagieren auf eine unbekannte Weise im Zellhomogenat und dabei wird Sauerstoff verbraucht. Die genannte Schlussfolgerung wird aus dem Vergleich vom Input zugesetzter Stoff und Output Sauerstoffverbrauch gezogen. Weil in einer Mitochondriensuspension und in einem Zellhomogenat ohne Mitochondrien Glukose nicht zu einer Reaktion genutzt wird, in der Sauerstoff verbraucht wird, dies aber in einem vollständigen Homogenat geschieht, wird die Glukose wahrscheinlich auch in der Zelle nur im Zusammenspiel von Zellplasma und Mitochondrien verarbeitet. Da die gewünschte Reaktion mit Brenztraubensäure eintritt, wenn man sie in eine Mitochondriensuspension gibt, liegt nahe, dass auch in der Zelle im Zytoplasma zunächst Brenztraubensäure gebildet wird, das dann in die Mitochondrien eindringt und dort weiterverarbeitet wird, sodass Sauerstoff verbraucht wird. Welche Reaktionen genau vor sich gehen, weiß man damit noch nicht. Aber aus dem Input Brenztraubensäure und dem Output Sauerstoffverbrauch kann man die genannten Zusammenhänge erschließen, die sich im Zellplasma und in den Mitochondrien ereignen

2 Erläutern Sie mithilfe der Summenformeln von Glukose und Pyruvat die Bilanz der Glykolyse!

Ein Glukosemolekül mit der Summenformel $C_6H_{12}O_6$ enthält sechs Kohlenstoffatome, zwölf Wasserstoffatome und sechs Sauerstoffatome. Zwei Moleküle Pyruvat $C_3H_3O_3^-$ plus 2 H^+ enthalten zusammen sechs Kohlenstoffatome, acht Wasserstoffatome und sechs Sauerstoffatome. Wenn man das Pyruvat als Ergebnis des Glukoseabbaus sieht, sind alle Kohlenstoff- und Sauerstoffatome noch vorhanden, es fehlen aber vier Wasserstoffatome. Diese haben mit dem Stoff NAD^+ reagiert, sodass zweimal NADH + H^+ entstanden ist. Unter Einsatz von ADP und Phosphat sind Wasser und ATP entstanden. Daher bedeutet die Glykolyse nicht nur einen Abbau der Glukosemoleküle, sondern auch eine Energieübertragung auf ATP-Moleküle. Diese geschieht bei den chemischen Reaktionen des Glukoseabbaus bis zum Pyruvat.

Zusatzinformation: Die in Lehrbüchern abgedruckten Einzelreaktionen der Glykolyse sind bezogen auf die beteiligten Wasserstoffatome häufig nicht explizit dargestellt. So wird bei der Umwandlung von Glycerinaldehyd-3-phosphat zu 1,3-Bisphosphoglycerat NADH + H^+ gebildet. Das an der Reaktion beteiligte Phosphat bringt nicht nur ein Sauerstoffatom mit, sondern auch ein Wasserstoffatom. Dieses ersetzt ein Wasserstoffatom an der SH-Gruppe des beteiligten Enzyms, deren H-Atom vorab als das NADH begleitende Proton abgegeben wurde. Aus systematischen Gründen werden in diesem Buch dagegen die H-Atome im NADH + H^+ dem Abbau des Glukosemoleküls zugerechnet, sodass die Bilanz am Ende einfacher gelingt. Im Schritt 2-Phosphoglycerat → Phosphoenolpyruvat wird Wasser abgegeben. Das von der Bilanzseite her zusätzliche Sauerstoffatom ist durch das Phosphat bei der Bildung von 1,3-Bisphosphoglycerat beigesteuert worden, sodass rechnerisch aus der Glukose noch kein Sauerstoffatom verwertet wurde. In den Bilanzen benötigte weitere H^+-Ionen lassen sich den diversen Phosphatgruppen, die im Verlauf der Glykolyse verwendet werden, zurechnen.

Seite 133 (Material)

Material A – Versuche mit Mitochondriensuspension

A1 Beschreiben und vergleichen Sie die Versuchsergebnisse!

Der Sauerstoffgehalt in einer Mitochondriensuspension bleibt zunächst drei Minuten lang konstant bei etwa acht Milligramm Sauerstoff pro Milliliter Suspension. Wenn danach Pyruvat zur Suspension hinzugegeben wird, sinkt der Sauerstoffgehalt während der folgenden fünf Minuten bis auf eine Konzentration von vier Milligramm Sauerstoff pro Milliliter Suspension. Danach bleibt der Sauerstoffgehalt gleich. Dieser Verlauf der Sauerstoffkonzentration ist in beiden Versuchsansätzen gleich. Während im ersten Ansatz, der nicht weiter verändert wird, die Sauerstoffkonzentration auch weiterhin gleichbleibt, sinkt sie im zweiten Ansatz ab neun Minuten Versuchsdauer weiter ab. Dem zweiten Ansatz wird zu diesem Zeitpunkt ADP und Phosphat zugesetzt. Der Sauerstoffgehalt der Suspension sinkt im Verlauf weiterer zwei Minuten bis auf etwa 1,5 Milligramm Sauerstoff pro Milliliter. Ab diesem Zeitpunkt bleibt der Sauerstoffgehalt konstant.

A2 Deuten Sie die Ergebnisse aus dem ersten Versuch!

Nach Zugabe von Pyruvat zur Mitochondriensuspension

dringt es in die Mitochondrien ein und wird dort weiterverarbeitet. Dabei wird Sauerstoff verbraucht. Wenn diese Reaktionen abgelaufen sind, hört der Sauerstoffverbrauch auf.

A3 Stellen Sie eine Hypothese dazu auf, weshalb im zweiten Versuch der Sauerstoffgehalt in der Mitochondriensuspension weiter abnimmt! Begründen Sie mithilfe dieser Hypothese das Ergebnis des ersten Versuchs!
Ausgehend von der Feststellung, dass im zweiten Versuch gezeigt wird, dass ADP und Phosphat für eine weitere Sauerstoffbildung gefehlt haben, kann man schlussfolgern, dass die ATP-Bildung im Mitochondrium nur dann weiter geht, wenn genügend ADP und Phosphat vorhanden sind. Also ist die Hypothese, dass die Sauerstoffentwicklung und der Abbau von Pyruvat mit der ATP-Bildung zusammenhängen. Daher geht der Abbau von Pyruvat im ersten Versuch nicht weiter, wenn das gesamte ADP in den Mitochondrien verbraucht ist.

A4 Deuten Sie die Ergebnisse als Möglichkeit, die Glukoseverwertung in einer Zelle zu regulieren!
Wenn in einer Zelle genügend ATP enthalten ist, ist wenig ADP vorhanden und der Abbau von Glukose und von daraus entstandener Brenztraubensäure wird zumindest in den Mitochondrien gestoppt. Erst wenn wieder genügend ADP vorhanden ist, geht der Abbau weiter.

Material B – Glykolyse bei Hefezellen

B1 Beschreiben Sie die Durchführung und das Ergebnis des Versuchs!
Wenn man ein Hefezellhomogenat in eine Glukoselösung gibt, setzt Gärung und damit auch Glykolyse ein. Sie stoppt allerdings bald. Nach Zugabe von Phosphat setzt die Glykolyse wieder ein, wobei das Phosphat aus der Lösung verschwindet, also mit einem Stoff reagiert, der an der Glykolyse beteiligt ist.

B2 Begründen Sie das Versuchsergebnis mithilfe der Abbildung 05 auf Seite 132!
In der Glykolyse findet eine Reaktion von Glycerinaldehyd-3-phosphat zu 1,3-Bisphosphoglycerat statt. Zu dieser Reaktion wird Phosphat benötigt. Wenn also im Zellhomogenat sämtliches Phosphat aufgebraucht ist, kann dieser Stoffwechselschritt nicht mehr stattfinden. Wird Phosphat hinzugefügt, findet die Reaktion statt und Phosphat wird verbraucht. Es landet letztlich im ATP, weil das gebildete Pyruvat kein Phosphat enthält.

Material C – Bedeutung von Enzymen und Coenzymen bei der Glykolyse

C1 Deuten Sie das Versuchsergebnis!
Da bei der Osmose die im Aufgabentext genannten Stoffe aus dem Zellhomogenat in die Umgebung gehen, fehlen sie dem Zellhomogenat im Schlauch für die Durchführung der Glykolyse. Im ersten Teil der Glykolyse würde ATP benötigt, im zweiten Teil NAD^+, Phosphat und ADP. Da lediglich kleine Moleküle aus dem Schlauch austreten, enthält dieses Homogenat aber immer noch alle Enzyme, die für die Glykolyse nötig sind. Wenn man nun das abgekochte Homogenat, dessen Enzyme zerstört sind, mit diesem Homogenat mischt, findet die Glykolyse statt, weil offensichtlich alle Stoffe vorhanden sind, die für die Durchführung der Glykolyse benötigt werden. Also sind bei dem Kochvorgang ADP, ATP, Phosphat und NAD^+ nicht zerstört worden.

Zitratzyklus und Atmungskette

Seite 134–137

1 Erläutern Sie die Forschungsschritte und Ergebnisse zum Modell des Zitratzyklus!
Zur Erforschung des Kohlenhydratabbaus wurden zunächst Reaktionsketten erkannt. Schließlich ergab sich die Hypothese, dass ein Teil des Abbaus in einem Kreisprozess vor sich geht. Unter anderem durch den Vergleich von Summenformeln der an Einzelreaktionen beteiligten Stoffe konnten Schritte ausfindig gemacht werden, in denen Kohlenstoffdioxid, ein Produkt des Kohlenhydratabbaus, entsteht. Ein Beispiel ist die Reaktion von Oxalsuccinat zu α-Ketoglutarat.
Reaktionsfolgen konnten unter anderem durch Hemmung einzelner Reaktionsschritte erkannt werden. Wenn man zum Beispiel die Succinatdehydrogenase mit Malonat hemmt, reichert sich Succinat an. Alle weiteren Abbauprozesse finden nicht statt, was am Ausbleiben des Sauerstoffverbrauchs erkannt werden kann. Wenn man nun zum Beispiel Fumarat zum Präparat geben würde, würde wieder Sauerstoff verbraucht. Also liegt Succinat in der Verarbeitungskette beim Abbau von Kohlenhydraten vor Fumarat.
Die Stoffe, die in den erkannten Reaktionsfolgen genannt werden, können nicht als die Stoffe angesehen werden, in die Glukose umgewandelt wird, bevor diese Produkte danach vollständig zu Wasser und Kohlenstoffdioxid oxidiert werden. Dies ergibt sich aus der Beobachtung, dass der Sauerstoffverbrauch durch Zugabe dieser Stoffe stärker steigt, als zur Oxidation dieser Stoffe nötig wäre. Es müssen also weitere Stoffe als die zugegebenen oxidiert werden. Aus der Kombination mehrerer kurzer Reaktionsfolgen, die sich gedanklich zu einem Kreislauf schließen lassen, hat H.A. KREBS schließlich die Idee entwickelt, dass Pyruvat in diesen Kreislauf eingeschleust wird und

Kohlenstoffdioxid und Wasserstoff aus ihm herauskommen. Der Wasserstoff muss noch weiterverarbeitet werden, indem er mit Sauerstoff reagiert. Dies geschieht aber nicht im Kreislauf. Insgesamt liefert der Abbau von Pyruvat in dem Kreislauf zwei Moleküle ATP.

2 Erläutern Sie ausgehend von Abbildung 06 C die Mechanismen der ATP-Bildung im Mitochondrium!

Die Matrix eines Mitochondriums ist ein geschlossener Raum. In ihm findet der Abbau von Pyruvat statt. Dabei entstehen neben Kohlenstoffdioxid, das die Kohlenstoffatome des Pyruvats übernimmt, $NADH+H^+$ und $FADH_2$. Diese enthalten die Wasserstoffatome aus dem Pyruvat. Die Wasserstoffatome werden als H^+-Ionen abgespalten, sodass NAD^+ und FAD entstehen, wobei die jeweils freiwerdenden Elektronen auf Redoxsysteme in der inneren Mitochondrienmembran übertragen werden. Bei den nachfolgenden Redoxreaktionen wird Energie frei, wodurch einige der Redoxsysteme Protonen aus der Matrix in den Intermembranraum pumpen können. Dadurch kommt es, zu einem Protonengradienten. Die im Intermembranraum angereicherten Protonen können die innere Mitochondrienmembran nur durch bestimmte Moleküle wieder in Richtung Matrix durchdringen. Diese Moleküle sind gleichzeitig Enzyme, die im Matrixraum aus ADP und Phosphat ATP herstellen. Die Energie für diese Reaktion stammt aus dem Protonengradienten, durch den die H^+-Ionen in die Matrix drängen. Zusammenfassend ist zu sagen, dass das während der Glykolyse und des Zitratzyklus gebildete NADH sowie das $FADH_2$ die energiereichen Elektronen liefern, die die Protonenpumpen antreiben, sodass der Protonengradient entsteht, der durch die ATPasen zur ATP-Produktion genutzt wird.

Seite 138–139 (Material)

Material A – Kompetitive Hemmung der Succinatdehydrogenase

A1 Stellen Sie die Versuchsergebnisse graphisch dar und beschreiben Sie sie einzeln und im Vergleich!

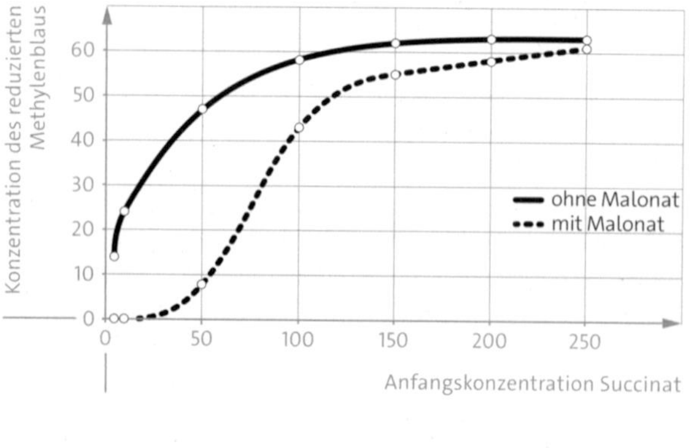

Dargestellt ist die Reaktionsgeschwindigkeit des Succinatabbaus, gemessen als gebildete Menge an Methylenblau pro Volumen in einer bestimmten Zeit, mit Succinatdehydrogenase in Abhängigkeit von der Succinatkonzentration bei gleichbleibender Enzymkonzentration. Ohne Malonat ergibt sich die typische Sättigungskurve. Die Reaktionsgeschwindigkeit steigt zunächst stark, dann abnehmend bis sie schließlich auf einem Maximalwert stagniert. Bei Anwesenheit von Malonat ergibt sich ein sigmoides Kurvenbild. Die Reaktionsgeschwindigkeit ist zunächst nicht messbar, steigt aber bei höherer Substratkonzentration zunächst steiler werdend, dann abgeschwächt und erreicht bei der höchsten hier eingesetzten Succinatkonzentration fast denselben Wert wie im Ansatz ohne Malonat. Die Reaktionsgeschwindigkeit bei Anwesenheit von Malonat liegt immer unter der, bei der kein Malonat vorhanden ist. Bei niedrigen Substratkonzentrationen ist sie bei Anwesenheit von Malonat Null, bei hohen Substratkonzentrationen fast genau so groß wie im Fall ohne Malonat.

A2 Begründen Sie, dass Malonat die Reaktion kompetitiv hemmt!

Dass Malonat die Reaktion hemmt, ist mithilfe des Diagramms offensichtlich. Malonat wird von der Succinatdehydrogenase nicht umgesetzt. Es entsteht kein Wasserstoff. Daher kann die Entfärbung des Methylenblaus niemals auf das Malonat zurückgeführt werden. Demzufolge ist der Anstieg des reduzierten Methylenblaus im Ansatz mit Malonat ausschließlich auf das zugegebene Succinat zurück zu führen. Dass die Hemmung kompetitiv erfolgt, ergibt sich dann daraus, dass sie bei hohen Substratkonzentrationen kaum noch ins Gewicht fällt. Bei einer allosterischen Hemmung wäre zu erwarten, dass nicht mehr die maximale Reaktionsgeschwindigkeit erreicht werden kann.

A3 Erläutern Sie, wie man die Hemmung des Enzyms durch Malonat zur Klärung eines Stoffwechselschrittes nutzen kann! Nehmen Sie Seite 134 zu Hilfe!

Im Lehrbuchtext wird erwähnt, dass sich das zugehörige Edukt im Präparat anhäuft und der Sauerstoffverbrauch zum Erliegen kommt, wenn man Stoffe hinzugibt, die einzelne der vermuteten Reaktionen hemmen. Wenn man also Malonat zum Präparat hinzugibt, häuft sich Succinat an. Gemäß Zitratzyklus wird also kein Fumarat gebildet. Damit ist erkannt, dass Succinat zwangsläufig zum Glukoseabbau benötigt wird. Wenn man relativ viel Malonat hinzugibt, entspricht das der Situation mit wenig Substrat im Versuch. Es kommt also zur fast vollständigen Hemmung. Wenn man dann zusätzlich Succinat hinzugeben würde, könnte die Reaktion weiterlaufen. So hätte man die Notwendigkeit des Succinatabbaus als Teilreaktion beim Abbau der Glukose bestätigt.

Material B – Sauerstoffverbrauch von Mitochondrien

B1 Erläutern Sie, wie man mithilfe von radioaktiv markiertem Malat den beschriebenen Kreislauf zwischen Zellplasma und Mitochondrienmatrix nachweisen kann!

Man stellt zunächst ein Zellhomogenat her. Diesem fügt man Glukose und radioaktiv markiertes Malat hinzu. Am Sauerstoffverbrauch sieht man, dass die Zellatmung komplett stattfindet. Dabei müsste radioaktives Malat in die Mitochondrien gelangen. Wenn radioaktives Malat im Zellhomogenat im Überschuss enthalten ist, wird nach einiger Zeit das Malat in den Mitochondrien zum großen Teil radioaktiv sein.

Nun isoliert man durch Zentrifugation des Zellhomogenats die Mitochondrien. Wenn diese Mitochondrienfraktion deutlich radioaktiv ist, ist die Hypothese des Malateintritts bestätigt. Wenn man nun die isolierten Mitochondrien mithilfe einer nicht radioaktiven Nährlösung zu einer Suspension verarbeitet, müsste radioaktives Aspartat aus ihnen austreten. Wenn man der Suspension noch NADH hinzugibt, müsste unter geeigneten Bedingungen radioaktives Malat entstehen. Wenn man nun durch Zentrifugieren die Mitochondrien aus der Suspension entfernt, müsste in dieser Radioaktivität messbar sein. Damit wäre der Kreislauf bestätigt. Sofern man auch noch das radioaktive Malat isolieren kann, ist der Kreislauf auch stofflich bestätigt.

B2 Begründen Sie für jeden der sieben Ansätze, ob Sauerstoff verbraucht wird oder nicht! Gehen Sie dabei auf einzelne Schritte des Zitratzyklus und der Atmungskette ein!

	Zugegebene(r) Stoff(e)	Prognose Sauerstoffverbrauch
1	NADH	ja
2	Succinat	ja
3	Malonat	nein
4	NADH + Succinat	ja
5	NADH + Malonat	ja
6	Succinat + Malonat	nein
7	Succinat + Malonat + NADH	ja

1. Zugegebenes NADH wird im Zellplasma oxidiert, sodass im Gegenzug in der Mitochondrienmatrix NAD^+ zu NADH reduziert wird. Dieses führt in der schon beschriebenen Weise zum Sauerstoffverbrauch.
2. Zugegebenes Succinat gelangt in die Mitochondrienmatrix und wird im Zitratzyklus weiterverarbeitet. Dabei entstehen NADH und $FADH_2$. Diese werden an der inneren Mitochondrienmembran zerlegt, sodass H^+- Ionen entstehen und Elektronen durch die Atmungskette laufen, bis sie beim Sauerstoff ankommen. Dieser reagiert daraufhin mit den H^+-Ionen zu Wasser, wird also verbraucht.
3. Bei Zugabe von Malonat stoppt der Sauerstoffverbrauch, wie im Lehrbuchtext beschrieben wird. Es wird offensichtlich nicht im Rahmen des Kohlenhydratabbaus umgesetzt.
4. Wie schon beschrieben steigern Succinat und NADH den Sauerstoffverbrauch einzeln. Sie kommen gemeinsam in der Zelle vor, sodass nichts dagegenspricht, dass sie in Kombination ebenfalls den Sauerstoffverbrauch in der genannten Weise bewirken.
5. Da Malonat offensichtlich in der Zelle nichts bewirkt, außer dass es die Succinatdehydrogenase hemmt, kann NADH bei Anwesenheit von Malonat zur Sauerstoffbildung führen.
6. Succinat wird durch Malonat an der Weiterverarbeitung gehindert. Daher erfolgt kein Sauerstoffverbrauch.
7. Die zusätzliche Zugabe von NADH wird wieder auf dem beschriebenen Weg zum Sauerstoffverbrauch führen.

B3 Begründen Sie mithilfe der zu erwartenden Ergebnisse für die Zugabe von NADH, dass Glykolyse und Atmungskette im Stoffwechsel miteinander gekoppelt sind!

In der Glykolyse wird NADH gebildet und NAD^+ verbraucht. Wenn dieses fehlt, kommt die Glykolyse zum Stillstand. Über den im Text beschriebenen Mechanismus kann im Zellplasma vorhandenes NADH wieder oxidiert werden. Dazu muss aber im Gegenzug in der Mitochondrienmatrix NAD^+ reduziert werden. Dies ist nur möglich, wenn es aus NADH entsteht, dass dabei zwei Elektronen und zwei H^+-Ionen abgibt. Die Elektronen wandern durch die Atmungskette. Nur wenn diese also abläuft, kann im Zellplasma das in der Glykolyse benötigte NAD^+ wieder bereitgestellt werden, die Glykolyse ablaufen. Auf diese Weise sind Atmungskette und Glykolyse gekoppelt.

Material C – ATP-Synthase in künstlichen Lipidvesikeln

C1 Erläutern Sie, weshalb sich Phospholipide selbständig zu Liposomen formen können!

Da Phospholipide amphiphil sind, ordnen sie sich so an, dass die hydrophilen Molekülbereiche in der Nachbarschaft zu ebenfalls hydrophilen Molekülen liegen, zum Beispiel zu Wassermolekülen. In einer wässrigen Umgebung ordnen sich die restlichen Molekülbereiche der Phospholipide aufgrund hydrophober Wechselwirkungen so an, dass möglichst wenige hydrophile Moleküle in ihrer Nähe sind. Das Optimum ist in dieser Hinsicht eine Kugel, die von einer Lipiddoppelschicht umgeben ist. Alle hydrophoben Molekülbereiche der Phospholipide haben keinen Kontakt zu Wassermolekülen.

C2 Begründen Sie, unter welchen Bedingungen der beschriebene Versuch MITCHELLs Hypothese der ATP-Synthese bestätigt!
In dem vorgestellten Versuch wird gezeigt, dass ein Protonengradient die ATP-Synthase antreibt. Wenn die benutzte ATP-Synthase aus Mitochondrien kommt und so funktioniert, ist MITCHELLs Hypothese der ATP-Bildung in Mitochondrien bestätigt.

Material D – Wärmebildung mithilfe chemischer Reaktionen

D1 Erläutern Sie die Merkmale des Zwerghamsters unter energetischen Aspekten!
Der Zwerghamster vermeidet einerseits Wärmeabgabe und damit Energieverlust durch ein isolierendes Fell. Er schont seine körpereigenen Energievorräte während der Tagesschlaflethargiephasen. Außerdem nutzt er energiereiche Vorräte im braunen Fettgewebe, um durch Stoffwechsel Wärmeenergie zur Aufrechterhaltung der Körpertemperatur, die er in aktiven Phasen benötigt, bereit zu stellen. Er hat also einen körpereigenen Energievorrat. Zusätzlich reduziert er im Winter seine Körpermasse. Dadurch muss er weniger Wärmeenergie für die Regulierung der Körpertemperatur einsetzen als im Falle einer größeren Körpermasse. Er reduziert damit seinen Energieverbrauch.

D2 Erläutern Sie die Wärmebildung im braunen Fettgewebe! Nehmen Sie die Abbildung 03 und 06 zu Hilfe!
In den Zellen des braunen Gewebes werden zum Winter sehr viele neue Mitochondrien gebildet. Diese sind offensichtlich für die Wärmeproduktion wesentlich. In deren innerer Membran befindet sich ein Protein, das Protonen vom Intermembranraum in die Matrix lässt, ohne dass ATP gebildet wird. Beim Abbau von Fettsäuren, also den Fettreserven des Tieres, entstehen in diesen Zellen Acetyl-CoA, $NADH+H^+$ und $FADH_2$. Demnach finden in diesen Zellen chemische Reaktionen statt, die über den Zitratzyklus zur Bildung von $NADH+H^+$ und $FADH_2$ führen. Vielleicht gibt es auch noch weitere Reaktionen mit den genannten Produkten. Diese führen zum Ablauf der Atmungskette und zur Bildung von Wasser, wie es in Abbildung 06 dargestellt ist. Allerdings wird die im Protonengradienten enthaltene Energie nicht genutzt, um ATP zu bilden. Die Protonen wandern durch das genannte Protein in der Membran zurück in die Matrix. Die anfallende Reaktionswärme wird abgegeben. Auch die anderen chemischen Reaktionen des Fettsäureabbaus geben Wärme ab. In den Fettzellen finden also bei Bedarf beim Fettsäureabbau in vielen Mitochondrien chemische Reaktionen statt, die Wärmenergie für die Temperaturerhöhung des Körpers liefern.

Überblick: Zitratzyklus im Zellstoffwechsel

Seite 140–141

1 Erläutern Sie die wesentlichen Schritte der Zellatmung!
Bei der Zellatmung wird Glukose unter Beteiligung von Sauerstoff vollständig in Kohlenstoffdioxid und Wasser abgebaut. Dies geschieht in mehreren Schritten an verschiedenen Orten der Zelle. Im Zytoplasma erfolgt zunächst die Glykolyse. Dabei werden aus den Glukosemolekülen mit 6 Kohlenstoffatomen Pyruvatmoleküle mit 3 Kohlenstoffatomen. Pyruvat gelangt in die Mitochondrienmatrix und wird hier decarboxyliert, das heißt, dass ein Kohlenstoffdioxidmolekül abgetrennt wird und der übrig gebliebene Essigsäurerest an das Coenzym-A gebunden wird. Wasserstoffatome werden auf NAD^+ übertragen, sodass $NADH + H^+$ entsteht. Das gebildete Acetyl-CoA reagiert mit Oxalacetat zu Zitrat. Im Verlauf des Zitratzyklus werden die beiden Kohlenstoffatome der Acetyl-Gruppe für die Bildung von Kohlenstoffdioxid verwendet, Wasserstoffatome für die Bildung von $NADH + H^+$ und $FADH_2$. Diese beiden Stoffe werden am Beginn der Atmungskette oxidiert. Sie geben Elektronen ab. Die dabei in die Matrix abgegebenen H^+-Ionen reagieren in der Matrix mit Sauerstoff und Elektronen, die die Atmungskette durchlaufen haben, zu Wasser.
Energetisch betrachtet dient der Abbau der Glukose der Herstellung von ATP, das für die Energieübertragung in allen Teilen der Zelle verwendet wird. ATP entsteht an drei Stellen des Abbaus. Zunächst bei der Glykolyse im Zellplasma, dann in Folge des Zitratzyklus in der Mitochondrienmatrix und schließlich mithilfe eines Proteinkomplexes, der in der inneren Mitochondrienmembran sitzt, an dieser Membran in der Matrix. Neben der Energieübertragung während der Stoffumwandlungen in Glykolyse und Zitratzyklus gibt es an der Mitochondrienmembran eine andere Energieübertragung. Hier wird mithilfe der bei den Redoxreaktionen freiwerdenden Energie ein Protonengradient aufgebaut, dessen Energie die ATP-Bildung durch die ATP-Synthase antreibt.
Zusatzinformation: Zum ATP-Ertrag der Zellatmung werden in verschiedenen Büchern unterschiedliche Angaben gemacht. Im Buch Biosphäre Einführungsphase werden die Werte für tierische Eukaryotenzellen genommen, die dem aktuellen Stand entsprechen. Sowohl der Transport von NADH als auch der Transport von ATP und ADP durch die Mitochondrienmembran geschehen unter Energieaufwand. Daher ist die ATP-Ausbeute bei Eukaryoten geringer als bei Prokaryoten. Ein maximal möglicher Ertrag von 38 Mol ATP pro Mol Glukose wird lediglich bei Prokaryoten erzielt. Die folgende Tabelle zeigt die Ertragsrechnung für eine tierische Zelle

Schritt	Coenzym-Ausbeute	ATP-Ausbeute	ATP-Quelle oder Senke
Glykolyse Vorbereitungsstufe		−2	für die Zerlegung der Glukose in 2 Moleküle Glycerinaldehyd-3-phosphat benötigte Energie
Glykolyse Ertragsstufe		4	Substratkettenphosphorylierung
	2 NADH	3 oder 5	Oxidative Phosphorylierung (3 bei Verwendung des Glycerin-3-phosphat-Shuttles oder 5 beim Malat-Aspartat-Shuttle)
Oxidative Decarboxylierung	2 NADH	5	Oxidative Phosphorylierung
Zitratzyklus		2	Substratkettenphosphorylierung (in Form von GTP)
	6 NADH	15	Oxidative Phosphorylierung
	2 $FADH_2$	3	Oxidative Phosphorylierung
Gesamtausbeute 30 oder 32 ATP pro Molekül Glukose			

2 Erläutern Sie die Bedeutung des Zitratzyklus für die Dissimilation!

Unter Dissimilation versteht man den Abbau von Eiweiß, Fett und Kohlenhydraten zur Energieumwandlung. Die stoffliche Umwandlung aller drei Stoffgruppen geschieht bei Anwesenheit von Sauerstoff über Acetyl-CoA, das im Zitratzyklus weiterverarbeitet wird. Das bedeutet, dass der Zitratzyklus für die drei Formen der aeroben Dissimilation unverzichtbar ist. In ihm werden GTP (ATP), NADH + H^+ und $FADH_2$ hergestellt. Diese Stoffe dienen sämtlich der Energieumwandlung und stellen damit ein Ergebnis der Dissimilation dar. Mithilfe der energiereichen Elektronen aus NADH und $FADH_2$ wird ATP hergestellt, sodass damit die Energieumwandlung so weit vorangekommen ist, dass Energie für viele Reaktionen in der Zelle bereitgestellt ist. Dies geschieht bei der aeroben Dissimilation immer unter Einbezug der Reaktionen des Zitratzyklus.

3 Beschreiben Sie die Bedeutung der Reaktionen in der Mitochondrienmatrix für den Zellstoffwechsel!

In der Mitochondrienmatrix laufen wesentliche Schritte der Dissimilation ab. Eine zentrale Rolle spielen hierbei die Reaktionen des Zitratzyklus. Die Stoffe, die an diesen Reaktionen beteiligt sind, können aber auch noch weitere Reaktionen eingehen. Sie sind Ausgangsstoffe für die Bildung verschiedener Aminosäuren, Fettsäuren, Nukleotide und auch für Glukose. Manche dieser Vorgänge sind gegenläufig. So kann Pyruvat zu Malat oder Oxalacetat umgewandelt werden, aber dann auch wieder Malat zu Oxalacetat und dieses zu Pyruvat. Damit ergibt sich ein flexibler Stoffwechsel, in dem auf den ein oder anderen Bedarf reagiert werden kann, indem verschiedene Stoffe ineinander umgewandelt werden. Da viele dieser Reaktionswege mithilfe von Stoffen geschehen, die an den Reaktionen des Zitratzyklus in der Mitochondrienmatrix beteiligt sind, ist die Matrix von zentraler Bedeutung für das in der Abbildung 04 dargestellte Stoffwechselgeschehen.

Gärung

Seite 142–144

1 Vergleichen Sie tabellarisch die Phasen und die Bilanz der aeroben und anaeroben Dissimilation!

	Aerobe Dissimilation	Anaerobe Dissimilation	
Gemeinsamkeiten		Milchsäuregärung	Alkoholische Gärung
	Abbau von organischen Stoffen zur Synthese von ATP, Dissimilationsprozesse		
	Glykolyse $C_6H_{12}O_6$ + NAD+ + 2 ADP + P -> 2 Pyruvat + 2 ATP + 2 NADH+H+	Glykolyse	Glykolyse
Unterschiede			
Reaktionsbedingungen	Sauerstoffverbrauch Aerob	Ohne Sauerstoffverbrauch anaerob	
Reaktionsorte:	Zytoplasma und Mitochondrien (Zitratzyklus und Atmungskette)	Zytoplasma	Zytoplasma
Reaktionsschritte	- Glykolyse - Decarboxilierung - Zitratzyklus Atmungskette	- Glykolyse - Reduktion des Pyruvats - zur Milchsäure	- Glykolyse - Decarboxilierung des Pyruvats - Reduktion zu Ethanol
Vereinfachte Bruttogleichung	$C_6H_{12}O_6 + 6\ O_2 + 6\ H_2O \rightarrow 6\ CO_2 + 12\ H_2O$ Vollständiger Abbau der Glukose	$C_6H_{12}O_6 \rightarrow 2\ C_3H_6O_3$ (Laktat) + 2 NAD+	$C_6H_{12}O_6 \rightarrow 2\ C_2H_5OH$ (Ethanol) + 2 CO_2 + 2 NAD+
Gesamtbilanz ATP pro Molekül Glukose	ATP 32	ATP 2	ATP 2

2 Erläutern Sie die Bedeutung anaerober Dissimilation für das Überleben der Karausche!
Karauschen sind in der Lage, unter winterlichen sauerstoffarmen Bedingungen ATP durch Milchsäuregärung zu gewinnen. Das geschieht im Muskel. Da kein Sauerstoff zur Verfügung steht, ist die Karausche darauf angewiesen, um lebenswichtige Organfunktionen über den Winter hinweg aufrecht zu erhalten. Die durch Glykolyse und den anschließenden Milchsäuregärungsschritt gewonnene ATP-Menge ist offenbar ausreichend, um der Karausche im kalten und bewegungslosen Zustand das Überleben zu sichern. Im Laufe der Zeit reichert sich allerdings das Laktat im Blut und im Gewebe an. Da kein zusätzlicher Sauerstoff zur Verfügung steht, kann das Laktat nicht verarbeitet werden. Durch die Umwandlung zu Pyruvat und die Reduktion zu Ethanol, das über die Kiemen ausgeschieden wird, wird die Anreicherung des Laktats reduziert. Der pH-Wert im Blut steigt kaum an.

3 Erläutern Sie anhand der Abbildung 04 die Ethanolproduktion der Hefe beim Bierbrauen!
In dem Braugefäß wird die Hefe mit zuckerhaltiger Lösung *(Maische)* angesetzt. Nach kurzer Zeit beginnen die Hefezellen, den Zucker sowohl für Zellatmung als auch für Gärung zu nutzen. Die Zuckerkonzentration sinkt zunächst nur gering, dann deutlich. Zunächst nutzen die Hefezellen den vorhandenen Sauerstoff. Sie wachsen und teilen sich, die Populationsdichte nimmt durch Sprossung und Zweiteilung zu. Mit steigender Populationsdichte verbrauchen die Zellen mehr Glukose. Nach 5 Minuten setzt die alkoholische Gärung ein. Die Konzentration an Alkohol nimmt zu. Nach 20 Minuten stagniert die Zunahme der Population. Die Alkoholkonzentration im Ansatz bleibt konstant.
Das schematische Modell der Stoffwechselprozesse der Hefe zeigt, dass die Hefe sowohl zur Zellatmung als auch zur alkoholischen Gärung in der Lage ist. Im Zytoplasma wird bei beiden Prozessen zunächst die Glukose zu Pyruvat abgebaut. Bei hohen Zuckerkonzentrationen wird ein Teil der Glukose anaerob zu Alkohol verarbeitet. Da durch die Zunahme der Hefepopulation im Gärgefäß gleichzeitig die Sauerstoffkonzentration abnimmt, ist die alkoholische Gärung ein wichtiger Stoffwechselprozess, um unter anaeroben Bedingungen ATP zu synthetisieren. Ist der Zucker fast vollständig abgebaut, so wird die alkoholische Gärung gestoppt, falls Sauerstoff im Ansatz vorhanden ist. Wenn das nicht der Fall ist, stagniert die Teilungsaktivität der Hefe. Gleichzeitig schädigt Ethanol die Zellen, sodass Zellen absterben.
Zusatzinformation: Ist der Zucker verbraucht, kann die Hefe auch Ethanol nutzen, um ATP zu gewinnen.

Seite 145 (Material)

Material A – Untersuchung von Gärungsbedingungen

A1 Gliedern Sie das Anliegen der Schülerinnen und Schüler in Teilprobleme und formulieren Sie experimentell überprüfbare Versuchsfragen und Hypothesen!
Die Schülergruppe möchte prüfen, unter welchen Bedingungen Hefe Gas abgibt. Sie wissen bereits, dass Hefe Zellatmung und Gärung betreiben und dazu Stoffe aufnehmen und Produkte abgeben. Teilprobleme oder Fragestellungen, die sich ergeben sind: Welches Gas entsteht und wie lässt es sich nachweisen? Welche Bedingungen beeinflussen vermutlich die Gasentwicklung? Als Umgebungsbedingungen, die die Gasentwicklung beeinflussen, könnten die Schülerinnen und Schüler zum Beispiel Temperatur und pH-Wert und Nährstoffen in Form von Zuckern nennen. Weitere Fragen können sein: Ist die Gasentwicklung eine Folge von alkoholischer Gärung? Findet Gasentwicklung auch unter Sauerstoffabschluss statt?
Fragestellungen, die mithilfe der gezeigten Ansätze zu klären sind: Welches Gas wird von der Hefesuspension abgegeben? Gärt Hefe unter Sauerstoffabschluss? Naturwissenschaftliche Fragen, die mithilfe von Experimenten zu beantworten sind, müssen so formuliert sein, dass sie Ursachen – die unabhängigen, veränderbaren Variable, und ihre Wirkung – abhängige Variable - miteinander in Beziehung setzen. Die Ursachen (Bedingungen) und die Wirkungen müssen beobachtbar, messbar sein. Der Zusammenhang muss theoretisch plausibel, also auch aus dem Vorwissen ableitbar sein. Der angenommene Zusammenhang wird durch das Experiment geprüft.
Die Frage: „Benötigt Hefe Zucker zur Gärung"? ist eine solche Frage, die im Experiment geprüft werden kann. Dazu müssen anaerobe Umgebungsbedingungen geschaffen werden, in der die Gärungsaktivität der Hefesuspension mit und ohne Zucker untersucht wird. „Benötigen Hefen Sauerstoff, um Kohlenstoffdioxid zu bilden/abzugeben?" ist eine aus der allgemeineren Frage abgeleitete Frage, die ebenfalls experimentell überprüfbar ist. Kohlenstoffdioxid kann als Maß für die Gärungsaktivität gewählt werden. Die Frage nach der Art des abgegebenen Gases ist im engeren Sinne kein Experiment, sondern ein Nachweis. Die Schülergruppe muss sich neben der zu klärenden Fragestellung überlegen, wie sie die Messung durchführen will und was genau sie messen wollen.

A2 Beschreiben Sie anhand des ersten Erlenmeyerkolbens den abgebildeten Versuchsaufbau und erläutern sie die Funktion eines Gärröhrchens!

In dem gezeigten Versuch wird ein Erlenmeyerkolben mit einer Hefesuspension und Glukose gefüllt und mit einem Stopfen verschlossen. Der Stopfen ist durchbohrt. Ein Gärröhrchen, das ist ein doppelt U-förmig gebogenes Glas- oder Kunststoffröhrchen mit Wasser und hier einer Indikatorlösung für Kohlenstoffdioxid gefüllt, nämlich Kalkwasser. Das Wasser sperrt den Gäransatz im Erlenmeyerkolben von der Außenluft ab. Man nennt sie deshalb auch Sperrflüssigkeit. Das Gärröhrchen ist so konstruiert, dass bei zunehmendem Druck im Erlenmeyerkolben durch Gasproduktion Gas entweichen kann. Das ist an Gasblasen in der Sperrflüssigkeit erkennbar. Da in gezeigten Fall Kalkwasser eingefüllt wird, lässt sich anhand der Trübung zeigen, dass das entstandene Gas Kohlenstoffdioxid ist. Sauerstoff oder auch Mikroorganismen von außen können unter normalen Außendrucksituationen nicht bis in den Erlenmeyerkolben vordringen.

Zusatzinformation: Kohlenstoffdioxid reagiert mit dem Kalziumhydroxid im Kalkwasser. Es entsteht Kalziumkarbonat (Kalk) das ausfällt. Dadurch wird das Wasser getrübt.

CO_2	$+ Ca(OH)_2$	$\rightarrow CaCO_3$	$+ H_2O$
Kohlenstoffdioxid	*Kalziumhydroxid*	*Kalziumkarbonat*	*Wasser*

A3 Diskutieren Sie den abgebildeten Versuchsaufbau kritisch!

Bei dem gezeigten Versuchsaufbau mit den drei Erlenmeyerkolben ist unklar, welche Versuchsfrage geklärt werden soll. Vermutlich soll es um die Auswirkungen von Sauerstoffabschluss gehen. Die Schülergruppe will vermutlich die Teilfrage klären: „Bildet Hefe Gas – Kohlenstoffdioxid - auch unter Sauerstoffabschluss?“. Dazu wurde im zweiten und dritten Versuchsansatz die Suspension mit Öl überschichtet. Allerdings zeigen sich einige Probleme. Im ersten Erlenmeyerkolben sind die Bedingungen bezüglich des Sauerstoffs unklar. Zunächst enthält die Luft im Erlenmeyerkolben Sauerstoff, der allerdings nach und nach verbraucht wird. Da der Gäraufsatz verhindert, dass weiterer Sauerstoff nachströmt, reichert sich zunehmend Kohlenstoffdioxid über der Suspension an. Auch dieser Ansatz ist also nach kurzer Zeit sauerstoffarm oder sauerstofffrei. Der dritte Erlenmeyerkolben ist vermutlich als Kontrollversuch geplant. Dieser Kontrollversuch macht jedoch bezogen auf die Versuchsfrage keinen Sinn.

Verbesserungsvorschläge:

Im ersten Erlenmeyerkolben müsste ein weiteres Glasröhrchen den Inhalt mit der Außenluft verbinden. Der Sauerstoffabschluss kann auch statt mit Öl mit Stickstoff erfolgen. Dadurch wird eine mögliche Beeinflussung des Hefestoffwechsels durch das Öl ausgeschlossen. Es darf in jedem Ansatz immer nur eine Variable geändert werden. Wenn geprüft werden soll, dass neben Sauerstoff der Zucker einen Einfluss auf die CO2-Entwicklung hat, dann müsste dazu je ein weiterer Ansatz mit einer Hefesuspension mit und ohne Zucker geplant werden.

A4 Planen und erläutern Sie auf Grundlagen dieses Versuchs verschiedene Experimente zum Nachweis der Vergärbarkeit verschiedener Kohlenhydrate oder der Abhängigkeit der Gärungsaktivität von der Temperatur!

Hier sind verschiedene Ideen der Schüler*innen möglich. Bei der Abhängigkeit von der Temperatur müssen alle anderen Bedingungen gleich gehalten werden bis auf die Temperatur. Die Temperatur lässt sich durch Wasserbäder beeinflussen.

Die Überprüfung der Abhängigkeit der Gärung von der Substratmenge oder auch der Art des Substrates erfolgt quantitativ oder qualitativ: es werden entweder die Konzentrationen eines Substrates variiert oder es werden verschiedene Substrate mit gleicher Konzentration eingesetzt.

Zusatzinformation: Beispiele für einfache Möglichkeiten der Arbeit mit Hefesuspensionen:

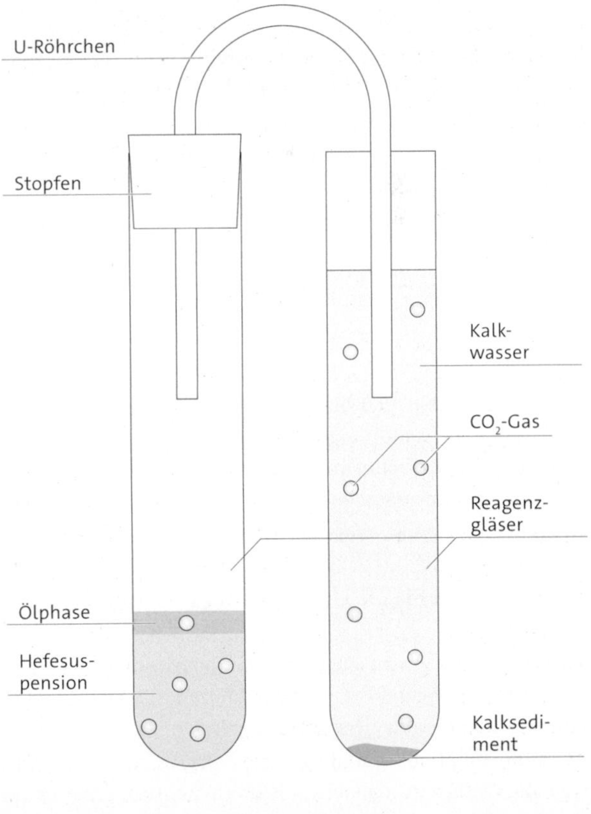

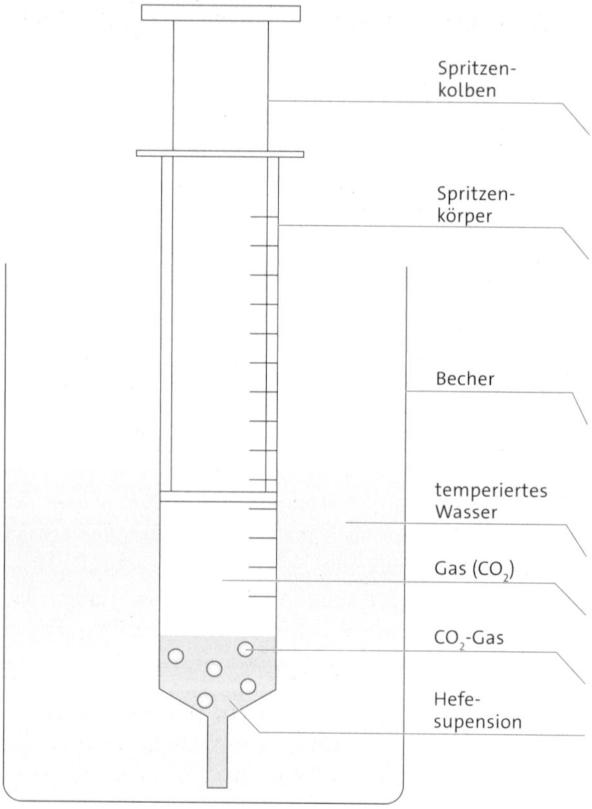

Material B – Gärungsbedingungen beeinflussen den Geschmack – Herstellung von Kombucha

B1 Beschreiben Sie die Veränderungen im Gärgefäß in Abbildung B!

Am Tag 1 wird der Teepilz bei Zimmertemperatur oder etwas wärmer mit gesüßtem Tee angesetzt. Die Zuckerkonzentration ist hoch, der Säure- und Ethanolgehalt niedrig. Im Laufe der nächsten 14 Tage fällt die Zuckerkonzentration um zwei Drittel der Menge ab. Die Alkoholkonzentration steigt bis ungefähr zum fünften Tag an, fällt dann wieder und liegt nach 14 Tagen bei der Anfangskonzentration. Der Säuregehalt nimmt zunächst langsam zu, ab ungefähr dem achten oder neunten Tag nimmt die Säurekonzentration stark zu, der Säuregehalt ist nach 14 Tagen hoch, das entspricht einer stark sauren Lösung.

B2 Erläutern Sie die Untersuchungsergebnisse in der Abbildung C!

In Abbildung C wird das relative Wachstum von Hefen und Milchsäure- und Essigsäurebakterien in Abhängigkeit von der Temperatur gezeigt. Die relative Wachstumsrate der Hefe steigt ab 7 Grad Celsius, erreicht bei 25,5 °Celsius ihr Optimum, danach fällt die Wachstumsrate stark ab. Bei 35 °Celsius liegt die Wachstumsrate der Hefe bei null. Milchsäurebakterien teilen sich bereits bei niedrigeren Temperaturen von 4 ° Celsius, ihr Optimum liegt bei 33° Celsius, danach sinkt die Kurve mit zunehmender Temperatur, die relative Wachstumsrate sinkt von 100 % auf 0 bei 41 ° Celsius. Bei den Essigsäurebakterien liegt die Wachstumsrate bei 5 Grad Celsius bei 0, erreicht ihr Optimum bei 30 Grad und sinkt bei über 30 ° Celsius rasch auf null.

B3 Deuten Sie die Veränderungen im Gäransatz, indem Sie die Ergebnisse in Beziehung zueinander setzen!

Der Rückgang der Zuckerkonzentration im Gäransatz ist darauf zurückzuführen, dass die Hefezellen den Zucker zur Gärung nutzen. Dabei steigt gleichzeitig die Zahl der Hefezellen durch Zellteilung stark an, die Wachstumsrate steigt. Die Temperatur im Gäransatz steigt durch die Gärungsaktivität gleichzeitig an. Mit zunehmender Temperatur entwickeln sich die Bedingungen so, dass sie für die Bakterien optimal sind. Der zunehmende Alkoholgehalt beeinflusst zudem die Vitalität der Hefe. In Folge steigt die Wachstumsrate der Bakterien an. Die Essigsäurebakterien nutzen den entstanden Alkohol und verarbeiten ihn zu Essigsäure. Dadurch steigt der pH-Wert im Ansatz an. Das hat wiederum negative Folgen für die Überlebensbedingungen der Hefen, im Gäransatz überwiegen zunehmend die bakteriellen Mikroorganismen. Die jeweiligen Temperaturbedingungen, die Nährstoffbedingungen und der pH-Wert beeinflussen sich wechselseitig und haben Einfluss auf die Populationsentwicklungen der verschiedenen Mikroorganismen und ihrer Stoffwechselaktivität. Das beeinflusst Qualität, Zusammensetzung und Geschmack des Getränks und das Wachstum des Teepilzes.

B4 Fassen Sie zusammen, wovon der Geschmack und die Zusammensetzung des Kombuchas abhängen!

Der Geschmack des Getränks wird zunächst durch den Süßungsgrad zu Beginn und durch die Ausgangstemperatur beeinflusst, dann durch die Zeit, wie lange man den Ansatz stehen lässt beziehungsweise wann man den Teepilz entnimmt und dadurch die Gärung abbricht. Will man ein süß-saures, kohlendioxidhaltiges Erfrischungsgetränk mit nur wenig Alkohol haben, so darf der Ansatz je nach Ausgangstemperatur ungefähr sieben bis neun Tage stehen. Ansonsten ist entweder der Zuckergehalt noch sehr hoch oder das Getränk wird zu Essig. Die Ausgangstemperatur sollte nicht zu hoch sein, da sonst von vornherein die Bakterien stärker wachsen. Die Qualität des Getränks hängt somit davon ab, dass die Wachstumsbedingungen und Stoffwechselbedingungen für die verschiedenen Mikroorganismen zu unterschiedlichen Zeitpunkten optimal sind.

Bau und Funktion von Muskeln

Seite 146–148

1 Erläutern Sie die mikroskopisch sichtbaren Veränderungen in einem Sarkomer während der Muskelkontraktion!
Die Sarkomere sind die funktionellen Abschnitte eines Skelettmuskels, die die Kontraktion ermöglichen. Innerhalb eines Sarkomers verlaufen die fadenförmigen Proteine Myosin und Aktin. Die äußeren Bereiche der Myosinfilamente werden von den Aktinfilamenten überragt. Diese Bereiche erscheinen im mikroskopischen Bild als dunkle Streifen und heben sich von den hellen Bereichen in der Mitte des Sarkomers und an den Seiten der Z-Scheiben ab. Dadurch entsteht das typische quergestreifte *Muster* der Skelettmuskulatur. Bei einer Muskelkontraktion gleiten die Filamente aneinander vorbei, sodass sie sich stärker überlappen. Dadurch wird der Abstand zwischen den Z-Scheiben kürzer. Dies erkennt man im mikroskopischen Bild zusätzlich an den schmalen gewordenen hellen Streifen. Diese Veränderungen werden besonders in den Bereichen seitlich der Z-Scheiben sichtbar.

2 Erklären Sie die Funktionsweise einer Muskelfaser unter Berücksichtigung des ATPs!
Myosin- und Aktinfilamente gleiten seitlich aneinander vorbei, sodass sie sich stärker überlappen. Dadurch wird der Abstand zwischen den Z-Scheiben kürzer.
Die Muskelkontraktion lässt sich mit der Gleitfilamenttheorie der Muskelkontraktion erklären. Jedes Myosinfilament besteht aus einigen Myosinmolekülen, die eine Schaftregion und einen rundlichen Kopf besitzen. Im Ruhezustand ist an jedem Kopf ein ATP gebunden. Der Myosinkopf bildet zum Myosinschaft einen 90 Grad -Winkel. Wird das ATP durch Nervenimpulse ausgelöst hydrolysiert, entsteht ADP und anorganisches Phosphat. Dadurch geht der Myosinkopf eine Bindung mit dem dünnen Aktinfilament ein. Diese Verbindung wird Querbrücke genannt. Lösen sich ADP und P vom Kopf, knickt er bis auf 50 Grad ab. So wird das Aktinfilament zur Mitte des Sarkomers bewegt. Bindet sich erneut ein ATP an den Kopf, löst er sich vom Aktinfilament. Diese Strukturveränderungen gehen auf chemische Reaktionen zurück. Chemische Energie wird in mechanische Arbeit umgewandelt.

3 Vergleichen Sie tabellarisch die Muskelfasertypen!

Kriterien	Rote Muskelfasern	Weiße Muskelfasern
Geschwindigkeit der Kontraktion	langsam	schnell
Anzahl der Blutkapillaren	hoch	gering
Anzahl von Mitochondrien	hoch	gering
ATP-Gewinnung	überwiegend aerob	überwiegend anaerob
Ausdauerleistung	sehr hoch	gering
Ermüdung	langsam	schnell
Anzahl von Glykolyse-Enzymen	gering	hoch

Seite 149 (Material)

Material A – Muskelfasertypen

A1 Vergleichen Sie die Anteile der Muskelfasertypen in den Muskelquerschnitten A und B und ordnen Sie die Querschnitte begründet den im Text genannten Beispielen zu!
In beiden Abbildungen gibt es rote und weiße Muskelfasertypen. In Abbildung A überwiegt der rote Muskelfasertyp. Diese Abbildung passt daher zu der roten Beinmuskulatur der Hühner. Abbildung B zeigt mehr weiße Muskelfasertypen, die daher zur Brustmuskulatur passen. Die Verteilung lässt sich mit der Nutzung der Muskulatur bei Hühnern begründen. Hühner laufen sehr viel und picken dabei Nahrung auf. Diese Muskulatur muss ausdauernd sein. Die Flügel werden eingesetzt, wenn Hühner bei Gefahr schnell wegfliegen müssen. Hierbei kommt es auf schnelle Bewegungen an, um das Überleben zu sichern. Eine ausdauernde Leistung ist nicht notwendig. Die unterschiedliche Verteilung der Muskelfasertypen-Anteile ist an die Lebensweise der Hühner angepasst.

A2 Erklären Sie anhand der anatomischen Merkmalsausprägungen der Muskelfasern die unterschiedliche Leistungsfähigkeit!
Rote Muskelfasern sind ausdauernder, da sie durch die vielen Blutkapillaren gut mit Sauerstoff versorgt werden können. Dadurch ist die aerobe Bereitstellung von ATP besser gewährleistet als bei weißen Muskelfasern. Die roten Fasern besitzen mehr Mitochondrien als die weißen und können dort intensiv mithilfe des Zitratzyklus und der Atmungskette ATP bilden. Die aerobe Bereitstellung von ATP dauert zeitlich länger als die anaerobe, die ATP Ausbeute ist jedoch um das 19fache gesteigert.

Die weißen Muskelfasertypen ermöglichen schnellere Bewegungen. Diese Leistungen sind bei anaeroben Bedingungen gut möglich, da der ATP-Speicher und der Kreatinphosphatspeicher im Muskel genügend ATP liefern, um kurzfristige Muskelarbeit zu ermöglichen. Dadurch befinden sich in weißen Muskelfasern weniger Myoglobin, Blutkapillaren und Mitochondrien.

Material B – Muskelkater

B1 Lactat wird schnell aus den Muskeln entfernt und in der Leber abgebaut. Erläutern Sie, weshalb diese Erkenntnis im Widerspruch zu der früheren Erklärung von Muskelkater steht!
Muskelkater tritt meistens erst nach ein bis zwei Tagen auf. Wäre der Lactatgehalt in den Muskeln dafür verantwortlich, müsste seine Konzentration dann am höchsten sein. Lactat wird jedoch schnell in der Leber zu Kreatinphosphat abgebaut. Dadurch kann die Lactatkonzentration im Muskel nicht für den Muskelkater verantwortlich sein.

B2 Formulieren Sie jeweils eine Hypothese, weshalb ein warmes Bad und sehr leichtes Ausdauertraining bei der Heilung von Muskelkater helfen können, eine tiefe Massage und eine direkte Wiederholung des Muskelkaters auslösenden Trainings jedoch nicht!
- Tiefe Massage hilft nicht, weil diese die Risse in den Z-Scheiben zusätzlich irritieren und verstärken können. Dadurch kann sich der Heilungsprozess verlangsamen.
- Sehr leichtes Ausdauertraining kann helfen, da der Stoffwechsel angeregt wird. Dadurch können Flüssigkeiten schneller abtransportiert werden und Entzündungen schneller abklingen.
- Direkte Wiederholung des Muskelkaters auslösenden Trainings könnte noch mehr Risse provozieren, da die vorhandenen noch nicht verheilen konnten und der Muskel geschwächt in die erneute Leistungssituation gebracht wird.

Energieumsatz bei Belastung

Seite 150–152

1 Beschreiben Sie die verschiedenen Methoden zur Bestimmung des Grund- und des Leistungsumsatzes eines Menschen!
Der Gesamtenergieumsatz eines Menschen setzt sich aus dem Grundumsatz, dem Leistungsumsatz und Energieumsatz für Nahrungsverdauung und der Anpassung an verschiedene Lebensumstände zusammen. Um den Grundumsatz zu bestimmen kann die direkte oder indirekte Kalorimetrie genutzt werden. Bei der direkten Kalorimetrie wird die Wärmeabgabe einer Versuchsperson in vollständiger Ruhe in einer wärmeisolierten Kammer gemessen. Die Wärmeabgabe führt zur Erhöhung der Wassertemperatur in Wasserrohren, die an der Oberfläche der Wände der Kammer verlaufen. Die Temperaturdifferenz zu Beginn und nach einer bestimmten Zeit, die die Versuchsperson in der Kammer verbringt, wird pro Liter bestimmt. Diese Differenz entspricht der durch die Stoffwechselaktivität in Ruhe erzeugten Wärme in einer bestimmten Zeit und kann nun in Kilokalorien bzw. Kilojoule angegeben werden. Auch mithilfe der indirekten Kalorimetrie lässt sich der Grundumsatz bestimmen. Dazu ermittelt man die aufgenommene Sauerstoffmenge der Versuchsperson mithilfe eines Spirometers. Da ein Liter verbrauchter Sauerstoff bei Aufnahme von gemischter Kost ungefähr einer Energieausbeute von 20 Kilojoule entspricht, lässt sich daraus der Energieumsatz in Ruhe ermitteln. Beide Verfahren lassen sich auch zur Bestimmung des Leistungsumsatzes nutzen, indem die Versuchsperson auf einem Ergometer mechanische Arbeit verrichtet. Dabei wird der Gesamtenergieumsatz bestimmt. Die Differenz zwischen dem zunächst ermittelten Grundumsatz und dem Gesamtenergieumsatz entspricht dann dem Leistungsumsatz.
Der Grundumsatz kann auch durch Berechnung abgeschätzt werden. Er beträgt als Faustformel durchschnittlich 4,2 Kilojoule pro Kilogramm Körpergewicht und Stunde. Notiert man dann die Aktivitätszeiten im Laufe eines Tages und ermittelt mithilfe von Tabellen ihren durchschnittlichen Energiedarf pro Zeiteinheit, dann lässt sich ebenfalls der Energieumsatz bei Belastung berechnen.
Zusatzinformation: Grundumsatz bei einer Frau in kJ/Tag:
kg (Körpermasse) x 24 (Stunden des Tages) x 3.8
Grundumsatz bei einem Mann in kJ/Tag:
kg (Körpermasse) x 24 (Stunden des Tages) x 4.2
Der Grundbedarf an Energie für einen 70 kg schweren Mann beträgt demnach ca. 7100 kJ pro Tag (1700 kcal/d). Für eine 70 kg schwere Frau beträgt der Grundumsatz ca. 6300 kJ/d. Der Grundumsatz ist abhängig u.a. vom Altern:

Alter in Jahren	Körpergewicht (kg)		Grundumsatz (kcal/Tag)	
	m	w	m	w
15-19	69,2	59,5	1850	1430
19-25	70,8	60,5	1730	1370
25-51	70,7	60	1670	1310
51-65	68,7	58,2	1580	1220
> 65	66,8	57,1	1530	1180

Quelle: D-A-CH Referenzwerte für die Nährstoffzufuhr, 2. Auflage, 2. aktualisierte Ausgabe 2016

2 Beschreiben Sie die Wege der ATP-Resynthese!
Bei körperlicher Belastung wird ATP verbraucht. ATP stellt die Energie für die Kontraktion der Muskel bereit. Da jedoch ATP nicht gespeichert werden kann, ist der

Muskel bei Belastung auf die Regeneration der ATP-Menge angewiesen. Bei kurzfristigen Belastungen von wenigen Sekunden wird ATP durch den Abbau von Kreatinphosphat regeneriert. Die notwendige Menge an ATP für längere und intensivere Belastungen wird jedoch aus dem Abbau von Nährstoffen gewonnen. Dabei kann man den aeroben Abbau vom anaeroben Abbau unterscheiden. Bei geringem Tempo und geringerer Intensität wird durch den aeroben Abbau von Glukose in den Mitochondrien ATP gewonnen. Pro Molekül Glukose können dabei ungefähr 36 ATP-Moleküle gebildet werden. Bei kurzfristigen hohen Belastungsintensitäten kann ATP sehr rasch auch anaerob durch Milchsäuregärung gewonnen werden. Dabei wird weniger ATP gebildet. In den Muskelzellen entsteht Laktat, das ins Blut transportiert wird und später zur Neubildung von Glykogen oder zur Dissimilation genutzt wird. Auch bei auch bei langanhaltenden Belastungen über die Belastungsgrenze hinaus findet vermehrt Milchsäuregärung statt, da die Menge an eingeatmetem Sauerstoff nicht ausreicht, Dissimilation zu betreiben und die Glukose vollständig zu Wasser und Kohlenstoffdioxid abzubauen.

Seite 153 (Material)

Material A – Energieumsatz im Alltag

A1 Fassen Sie die Untersuchungsergebnisse zusammen!

In einer Studie mit 332 Erwachsenen hat man mithilfe der indirekten Kalorimetrie zunächst den Ruheumsatz bestimmt. Mithilfe von Aktivitätsmessungen wurde dann innerhalb einer Woche die Aktivität gemessen und daraus der Leistungsumsatz bestimmt. Die Grafik zeigt den Energieumsatz in kcal pro Tag. Der durchschnittliche Gesamtumsatz betrug 2662 kcal pro Tag. Davon betrug der Grundumsatz 1441 kcal, das sind 54 %. Der Gesamtumsatz der Männer betrug 3035 kcal, der der Frauen 2171 kcal pro Tag. Bei den Männern betrug der Grundumsatz 1616 kcal, das sind 53 %, bei den Frauen 56 % des Gesamtumsatzes.

A2 Erläutern Sie an diesem Beispiel das Verfahren der indirekten Kalorimetrie!

Bei der indirekten Kalorimetrie wird mithilfe des Sauerstoffverbrauchs in Ruhe der Energieumsatz berechnet. Dabei nutzen die Wissenschaftler die Tatsache, dass bei dem Abbau der Glukose zu Wasser und Kohlenstoffdioxid 6 Mol Sauerstoff verbraucht werden. Um die Sauerstoffmenge, die verbraucht wird, zu bestimmen, trägt die Versuchsperson ein Spirometer, das mit Sensoren ausgestattet ist und die eingeatmete und abgegebene Menge an Sauerstoff in der Ausatemluft bestimmt. Aus der Differenz kann die Menge an verbrauchtem Sauerstoff berechnet werden. Da ein Liter Sauerstoff bei gemischter Kost ungefähr 20 kJoule bzw. 4,7 kcal entsprechen, lässt sich aus dem Sauerstoffverbrauch der Energieumsatz berechnen.

A3 Stellen Sie Vermutungen an, weshalb sich der Ruheumsatz bei Frauen und Männern unterscheidet!

Betrachtet man die Unterschiede im Ruheumsatz von Männern und Frauen in dieser Studie, so entspricht das den typischen Beobachtungen. Männer haben durchschnittlich eine höhere Muskelmasse als Frauen und damit zusammenhängend einen höheren Grundumsatz. Wie könnte die Muskelmasse den Ruheumsatz beeinflussen? Da Muskelgewebe viele Mitochondrien enthält und Muskeln auch in Ruhe aktiv sind, hängen Muskelmasse und Ruheumsatz zusammen.
In dieser Studie unterschieden sich die Frauen und Männer zusätzlich im Alter. Auch das kann einen Einfluss auf die Unterschiede im Grundumsatz haben. Mit zunehmendem Alter nimmt die Muskelmasse ab. Die Frauen in dieser Studie waren im Durchschnitt älter.

A4 Leiten Sie gesundheitsbezogene Empfehlungen für die Teilnehmer der Studie aus den Befunden ab!

Die Empfehlung der WHO für eine gesundheitsförderliche Steigerung des Ruheumsatzes durch Leistung liegt bei einem Faktor von 1,7 (PAL, Physical Activity Level). Die Steigerung des Gesamtumsatzes durch die Aktivität beträgt im Durchschnitt 1,5, also weniger als die Empfehlungen angeben. Die Versuchsteilnehmerinnen und –teilnehmer könnten eine Steigerung des Leistungsumsatzes um ca. 300 - 500 Kilokalorien durch Bewegung steigern.
Zusatzinformationen für die Lehrkraft: Beispiel einer Tabelle zur Berechnung, auf welche Weise die Versuchspersonen ihren Bedarf um durchschnittlich 500 kJ erhöhen könnten.

Aktivität	Kcal/h (Person 80 kg, 60 min)
18,5-21 km/h, Trekking, mäßige Belastung	640
Aerobic, allgemein	520
Stepaerobic, mit 15-20 cm Steps	680

Material B – Energiebereitstellung bei unterschiedlichen Laufdisziplinen

B1 Beschreiben Sie die Ergebnisse in der linken Abbildung!

Die linke Abbildung stellt den ATP-Umsatz unterschiedlicher Laufdisziplinen dar. Dabei zeigt sich, dass der ATP Umsatz für die kürzeste Strecke (100 m) am höchsten ist und mit länger werdender Strecke absinkt. Beim 100 m Lauf wird ca. die Hälfte der Energie über anaeroben Nährstoffabbau, ca. 1/3 der Energie durch die Spaltung von Kreatinphosphat und nur ein geringer Anteil wird aus aeroben Nährstoffabbau gewonnen. Je länger die Strecke wird, desto mehr Energie wird über aeroben Nährstoffabbau gewonnen bis schließlich beim Marathon die Energie nur noch aus aeroben Nährstoffabbau bereitgestellt wird.

B2 Erläutern Sie die Stoffwechselwege zur Resynthese von ATP!

Bei körperlicher Belastung wird ATP zur Bereitstellung der Energie für die Kontraktion der Muskel verbraucht. Die geringen ATP-Vorräte im Zytoplasma des Muskels reichen aber nur für wenige Sekunden aus. Daher wird zunächst ATP durch den Abbau von Kreatinphosphat regeneriert. Bei ausdauernden oder intensiveren Belastungen wird ATP jedoch aus dem Abbau von Nährstoffen gewonnen. Bei geringem Tempo und geringerer Intensität wird durch den aeroben Abbau von Glukose in den Mitochondrien ATP gewonnen. Bei kurzfristigen hohen Belastungsintensitäten kann ATP sehr rasch auch anaerob durch Milchsäuregärung gewonnen werden. Dabei wird weniger ATP gebildet.

B3 Interpretieren Sie die Ergebnisse mithilfe der rechten Abbildung!

Die Abbildung zeigt die Energiebereitstellung in Kilojoule pro Minute in Abhängigkeit von der Dauer einer maximalen Belastung. Wie zu erkennen ist, wird in den ersten 10 Sekunden einer starken Belastung Energie durch ATP und ATP-Regeneration aus Kreatinphosphat bereitgestellt, beide Speicher sind jedoch bereits nach 1 Minute aufgebraucht. Nach wenigen Sekunden steigt die ATP- Regeneration durch Glykolyse an, dadurch kann nach 1 Minute ungefähr 50% der anfänglichen Energie bereitgestellt werden. Die ATP-Bildung beim aeroben Kohlenhydrat – und Fettabbau steigt innerhalb von 10 Minuten an und bleibt dann über mehr als zwei Stunden konstant. Allerdings wird dadurch in absoluten Zahlen weniger ATP dauerhaft bereitgestellt. Bei maximaler Belastung unter 10 Sekunden ist die Energiebereitstellung insgesamt am höchsten und sinkt kontinuierlich ab, bis nach ca. 10 Minuten ein konstant bleibender Wert erreicht wird. Dies erklärt das Absinken des ATP-Umsatzes mit länger werdender Strecke in der linken Abbildung.

Ein 100 m Lauf dauert ca. 15 Sekunden. Wie man aus der rechten Abbildung erkennen kann, wird der ATP-Bedarf anfänglich hauptsächlich durch den Abbau des ATP-Speichers abgedeckt. Nach ca. 5 Sekunden setzt der Abbau von Kreatinphosphat ein und der anaerobe und aerobe Abbau von Nährstoffen beginnt, dies spiegelt das Ergebnis aus der linken Abbildung wider.

Ein 400 m Lauf dauert ca. 1:20 Minute, 5000 m ca. 23 Minuten und ein Marathon dauert über 2:48 Stunden. Die rechte Abbildung zeigt, dass nach 10 Minuten die Energie fast gänzlich aus dem aeroben Nährstoffabbau gewonnen wird. Dies zeigt sich auch in der linken Abbildung – Bei 5000 Metern wird die Energie hauptsächlich und beim Marathon vollständig aus dem aeroben Nährstoffabbau bereitgestellt.

Material C – Die Bedeutung der Ernährung für eine Ausdauerbelastung

C1 Beschreiben Sie die Untersuchungsergebnisse zur Wirkung der drei Diäten!

Die Versuchspersonen wurden vor einer Ausdauerbelastung einer dreitägigen Diät unterzogen. Eine Gruppe nahm eine gemischte Kost zu sich, die zweite Gruppe ernährte sich mit einer Kost, die wenig Kohlenhydrate enthielt und die dritte Gruppe ernährte sich kohlenhydratreich. Nach den drei Tagen wurden die Gruppen einem Belastungstest ausgesetzt, d. h. sie liefen oder radelten solange, bis sie nicht mehr konnten. Die Menge an Glykogen in den Muskeln sowie die Zeit bis zur Erschöpfung wurde untersucht. Die Gruppe mit der Mischkostdiät radelte zwei Stunden und 9 Minuten. Der Glykogengehalt in den Muskeln betrug vor dem Radfahren 120 Glykogeneinheiten pro Kilogramm Feuchtgewicht. Nach dem Fahren auf dem Fahrradergometer enthielt die Muskelmasse nur noch 10 Glykogeneinheiten pro Kilogramm Feuchtgewicht; hatten die Radfahrer eine kohlenhydratarme Nahrung zu sich genommen, so betrug die Menge an Glykogen in der Muskelmasse nur knapp 50 Glykogeneinheiten pro kg Muskelmasse, nach dem Radeln lag die Menge ebenfalls bei 10 Glykogeneinheiten pro kg Muskelmasse. Die Sportler waren nach 58 Minuten erschöpft. Hatten sich die Sportler vor der Ausdauerbelastung kohlenhydratreich ernährt, so hielten sie drei Stunden und neun Minuten durch. Die Menge der Glykogeneinheiten lag vor dem Belastungstest bei 220 Glykogeneinheiten pro kg Muskelmasse und nach dem Radeln noch bei 25 Glykogengehalt pro kg Muskelmasse. Die Diät hat offenbar Einfluss sowohl auf die Glykogenreserven als auch auf die Durchhaltefähigkeit bei dem Ausdauertest.

C2 Erläutern Sie die Bedeutung des Glykogens für die Energieversorgung bei einer Ausdauerbelastung!

Bei einer Ausdauerbelastung wird Glukose im Wesentlichen aerob abgebaut. Dabei werden die Glykogenspeicher geleert. Bei Erschöpfung reicht die Menge an zugeführtem Sauerstoff nicht mehr aus, um genügend Dissimilation zu betreiben. Solange noch genügend Glukose im Blut ist oder Pyruvat gebildet wird, kann ATP durch Milchsäuregärung zur Verfügung gestellt werden. Sind die Glykogenspeicher leer, so kann auch kein weiteres ATP durch Milchsäuregärung gewonnen werden.

C3 Deuten Sie die Befunde und ziehen Sie Schlussfolgerungen bezüglich einer günstigen Ernährung vor einer Langzeitbelastung!

Die Grafik des Substratverbrauchs zeigt, dass zunächst Muskelglykogen abgebaut wird. Innerhalb der ersten zwei

Stunden einer körperlichen Belastung wird dann Leberglykogen abgebaut und Glukose ins Blut abgegeben. Der Fettabbau steigt langsam an und überwiegt die Nutzung des Glykogens nach 2 Stunden. Gleichzeitig beginnt die Neubildung von Glykogen.
Werden nun die Glykogenspeicher vor der Belastung durch eine kohlenhydratreiche Kost aufgefüllt (Diät 3), so kann durch den Abbau von Muskelglykogen direkt Glukose zur ATP-Gewinnung nachgeliefert werden. Das hat Auswirkungen auf das Durchhaltevermögen. Sind die Glykogenspeicher dagegen reduziert (Diät 2), so sind die Muskelglykogenspeicher schneller entleert und die Glukosebildung durch den Abbau von Leberglykogen noch nicht hoch genug, um die Muskelzellen mit genügend Glukose zu versorgen. Auch der Fettabbau ist noch zu gering. Folge: die Menge an ATP nimmt ab. Die Durchhaltefähigkeit ist reduziert. Diese Studie belegt, dass vor Ausdauerbelastungen, wie zum Beispiel einem Marathon, Kohlenhydratzufuhr günstig ist.

Leistungssteigerung und Sport

Seite 154–156

1 Begründen Sie an konkreten Beispielen weshalb die speziellen Trainingsmethoden im Vergleich zu den Dopingmethoden ungefährlich für den Körper sind!
Kryotherapie und Hypoxie-Kammer-Methode fördern die Sauerstoffversorgung der Muskeln. Sie können mit den Dopingmethoden der Blutmanipulation verglichen werden. Die Spezialtraining-Methoden führen nicht dazu, dass Thrombosen, Gefäßverschlüsse, Infarkte oder Vergiftungserscheinungen auftreten. Daher können sie als ungefährlich für den Körper beurteilt werden. Allerdings ist ihr Effekt zur Leistungssteigerung nur relativ kurz nach der Anwendung oder nur durch intensive Anwendung möglich.
Das Elektro-Muskel-Stimulations-Training lässt sich mit Muskelaufbaupräparaten vergleichen, da hierbei durch regelmäßige Anwendung Muskelwachstum möglich ist. Es gibt jedoch keine gesundheitlichen Risiken, wie Sehnenrisse, Impotenz, Leberschäden, Schlaflosigkeit, Schlaganfall usw. Daher ist das EMS als ungefährlich für den Körper zu beurteilen.
Mentales Training und Selbstgesprächsregulation sind mit Aufputschmittel zu vergleichen. Beide Methoden stellen jedoch keine Gefährdung für den Körper dar, da der Sportler trotzdem die Warnsignale seines Körpers wahrnehmen kann. Dies kann bei Aufputschmitteln ggf. nicht funktionieren, sodass die Gefahr besteht, dass hoher Blutdruck, Unruhe, Abhängigkeit, Kreislaufkollaps u. a. auftreten kann.
Fazit: Während Dopingmethoden mit Risiken für die Gesundheit des Körpers kombiniert sind, haben die Spezialtraining-Methoden einen positiven Effekt auf die Leistungssteigerung, ohne die Gesundheit des Menschen zu gefährden.

Seite 157 (Material)

Material A – Energieumsatz im Alltag

A1 Nennen Sie die in den Stellungnahmen erwähnten gesundheitlichen und gesellschaftlichen Gründe, zu Dopingmitteln zu greifen! Recherchieren Sie im Internet weitere Motive!
Kurzfristige und langfristige gesundheitliche Effekte: Die Konsumenten erhoffen sich positive gesundheitliche Effekte; allerdings kann die Einnahme von Medikamenten, die nicht durch Erkrankung indiziert sind, Gesundheitsrisiken bewirken, die nicht abzuschätzen sind. Jedes Mittel, das zum Doping verwendet wird, wirkt unterschiedlich. EPO zum Beispiel fördert die Bildung von Erythrozyten. Die Konsumenten erhoffen sich dadurch eine verbesserte Sauerstoffversorgung. Allerdings können schwere Kreislauferkrankungen die Folge sein. Wachstumsfaktoren wirken sich wiederum nicht nur auf die Muskeln aus, sondern bewirken Wachstum der Extremitäten und der inneren Organe. Auch das birgt vor allem langfristig erhebliche Gefahren (Text1).
Durch Internetrecherche können die Schülerinnen und Schüler Informationen zum Beispiel zu Anabolika ergänzen.
Dopingmittel kann zur Gewöhnung und Sucht führen (Text5).
Gesellschaftliche Aspekte: In der Gesellschaft wird Leistung meistens sehr positiv gesehen und Menschen, die viel leisten, erhalten positive Bestätigung. Diese positive Bewertung kann bei manchen Menschen zu einer positiven Haltung gegenüber und eventuell sogar zum Konsum von leistungssteigernden Substanzen verleiten – nicht nur im Sport. Manche begründen den Konsum, um dem Trend zur Leistung und Selbstoptimierung zu genügen. Sie unterwerfen sich einem Gruppendruck. Konsum von leistungssteigernden Substanzen hat nicht nur Auswirkungen auf den Einzelnen: Dopingmittel sind ein Teil eines (illegalen) lukrativen Geschäfts, an dem neben Pharmaindustrie auch Ärzte beteiligt sein können. Kommt es zu Erkrankungen, so tragen alle Versicherten die Risiken mit. Aber auch Sportverbände, Funktionäre, Sponsoren, Zuschauer, Medien beeinflussen die Erwartungen an Sportler. So kann Doping von Spitzensportlern auch unter Druck geschehen.

A2 Untersuchen Sie die Argumente für oder gegen Doping im Hinblick auf ihre Begründungen und zugrunde liegenden Motive!

In den Stellungnahmen des Spitzensportlers (Radrennfahrers), wird deutlich, dass er sein eigenes Doping rechtfertigt. Er begründet diese damit, dass er sich Vorteile gegenüber Konkurrenten verschaffen wollte. Dass er damit Erfolg gehabt habe, unterstützt seine Meinung, dass Doping erlaubt werden solle. Zudem müsse das jeder selbst entscheiden, da ja auch andere technische Hilfsmittel erlaubt seien. Bei den Leichtathleten, die in den 60er bis 80er Jahren des letzten Jahrhunderts angaben, gedopt zu haben, kann man beim freiwilligen Konsum ähnliche Motive vermuten, wie bei dem Radrennfahrer. Offenbar spielte aber auch der Druck von Trainern, Sportfunktionären oder – wie insbesondere in der ehemaligen DDR – auch staatlichem Stellen eine Rolle, dem sich die Sportler nicht entziehen konnten. *Ergänzung: Finanzielle Anreize oder auch Doping ohne Wissen der Sportler kamen hinzu.* Die anderen Stellungnahmen sprechen sich mit unterschiedlichen Argumenten eindeutig gegen Doping beziehungsweise Medikamentenmissbrauch zur Leistungssteigerung aus. Dabei werden in den Texten medizinische, juristische und im weiten Sinne ethische Aspekte genannt. Eine Ärztin erläutert die gesundheitlichen Auswirkungen von Doping. Sie wendet sich gegen den Gebrauch solcher Substanzen, weil gesundheitliche Risiken ohne medizinische Notwendigkeit drohen. Aus juristischer Sicht ist Doping im Profisport generell verboten und wird bestraft. Begründet wird das mit dem Schutz der Sportler vor unfairem Wettbewerb und gesundheitlichen Risiken. Der Sportsoziologe und Dopingforscher betrachtet auch den Gebrauch von legalen Aufbaupräparaten kritisch, da der schleichende Übergang zum Medikamentenmissbrauch möglich erscheint. Dadurch lernen seiner Ansicht nach Freizeitsportler die Benutzung von Mitteln, statt sportliche Leistungen aus eigener Kraft anzustreben. Die Sportsoziologin argumentiert, dass auch Freizeitsportler Medikamente missbräuchlich nutzen, nicht nur, um die Leistung zu steigern, sondern auch um ihren Körper entsprechend vermeintlicher oder tatsächlicher Wunschvorstellungen der Gesellschaft oder einzelner Gruppen zu optimieren. In der Abwägung von Kosten und Nutzen gehen sie dann bewusst hohe Risiken ein. Die Zahlen und die Aussage des Fitnessstudiobesuchers unterstreichen, dass offenbar legale und illegale Nutzung von leistungssteigernden Substanzen in Fitnessstudios ein Thema ist. Allerdings muss das Argument, dass alle dopen, zurückgewiesen werden: sowohl die Zahlen als auch die Aussage des Fitnesssportlers zeigen, dass die Zugänglichkeit zu leistungssteigernden Mitteln nicht automatisch den Konsum bedingt. In der Stellungnahme der Ethikkommission der Bundesärztekammer werden weitere ethische Argumente aus Sicht der Ärzte angeführt, die es für Ärzte verbieten, sich an Dopingpraktiken zu beteiligen, da das gegen den die grundlegende Berufsethik verstoße. Trotzdem sind Ärzte auch im Freizeitsport an der Versorgung mit Medikamenten beteiligt, wie die zitierte Untersuchung der Sportsoziologin zeigt. Die Gründe hierfür kann man nur vermuten.

A3 Nennen Sie die Wertvorstellungen, die den Argumenten für oder gegen Doping zugrunde liegen!

Werte, die den Argumenten für Doping zugrunde liegen, die hier genannt werden, sind: Leistung; Wettkampf; Erfolg; Selbstbestimmung; Zugehörigkeit;

Werte, die den Kontra-Argumenten zugrunde liegen: Gesundheit als erhaltenswertes Gut; Fairness und Gerechtigkeit im Wettkampf; Sport als Wettkampf aus eigener Kraft; Ehrlichkeit statt Betrug; Verantwortung für sich und andere; Selbstbestimmung (Versuchungen widerstehen).

Zusatzinformation: Werte sind ethische Zielvorstellungen, Handlungsziele, Lebensinhalte, welche einzelne, Gruppen oder Schichten für erstrebenswert halten.

*Hier können die Schüler*innen mit einem Wertepool arbeiten.*

A4 Diskutieren Sie die Folgen einer Dopingfreigabe für die verschiedenen hier genannten Personengruppen!

Spitzensportler: Bei einer Freigabe von leistungssteigernden Mitteln würde die Leistungsfähigkeit auf legale Weise gesteigert, Ärzte könnten den Einsatz der Mittel kontrollieren und damit vielleicht gesundheitliche Schäden begrenzen. Allerdings hätten Sportler*innen, die sich gegen Medikamente aussprechen, kaum mehr Chancen im Hochleistungssport, die Freigabe würde den Druck auf sie stark erhöhen. Im Sport käme es dann weniger auf die Trainingsleistung und die Überwindung von Widerständen an, sondern auf die Beschaffung von guten leistungssteigernden Mitteln. Spitzensportler als Vorbild für Freizeitsportler wären fragwürdig.

Freizeitsport: s.o. Da Freizeitsportler, vor allem auch Kinder und Jugendliche, aus Spaß und Freude eine positive Beziehung zu Bewegung und gemeinsamen Spiel und Wettkampf entwickeln sollen, besteht die Gefahr, dass das Leistungsmotiv alle anderen Motive zurückdrängt.

Ärzte: Die Argumente der Ethikkommission würden durch eine Freigabe des Dopings nicht hinfällig. Der Druck auf Ärzte, leistungssteigernde Medikamente ohne medizinische Notwendigkeit zu verschreiben, würde vermutlich deutlich steigen. Der finanzielle Anreiz könnte ein Übriges tun.

Jurist: Durch die Aufhebung eines Verbots würde der Spitzensport anderen Bereichen, in denen Leistungen erbracht werden und leistungssteigernde Substanzen genutzt werden, gleichgestellt. Eine Verfolgung der Beteiligten würde

wegfallen. Statt einer Liste von verbotenen Substanzen würden Listen erlaubter Substanzen, die kontrolliert werden können, erstellt. Konsumenten würden nicht mehr kriminalisiert.
Illegaler Drogenmarkt: Zunächst vermutlich starker Einbruch eines lukrativen Geschäfts, da die überteuerten Mittel nicht mehr auf dem Schwarzmarkt gekauft werden müssten. Allerdings wird es vermutlich weiterhin einen Wettlauf von immer besser wirkenden Substanzen geben, die dann vielleicht wieder zunächst nur illegal zu erwerben sind.
Trainer und Sportfunktionäre: Sie würden neben ihren anderen Aufgaben auch zu Beratern in Fragen von Medikamentierung. Der Krankenkassenpatient: Übernahme von Kosten und Risiken der möglichen Spätfolgen der Einnahme von Dopingmitteln.

A5 Nehmen Sie begründet Stellung zu den Äußerungen in den Sprechblasen!
Hier sollen die Schüler*innen ihre eigene Position begründen und Sachwissen aus den Stellungnahmen einbeziehen.
Zusatzinformation: Es kann hilfreich sein, sich an Schrittfolgen zur Urteilsfindung zu orientieren. Hier ein Beispiel. Schrittfolge zur Urteilsfindung nach Rundgren, C. und Eriksson. M: Umweltgifte in Fischen aus der Ostsee. Unterrichtseinheit aus PROFILES in Schweden. MNU 6/76 2014.

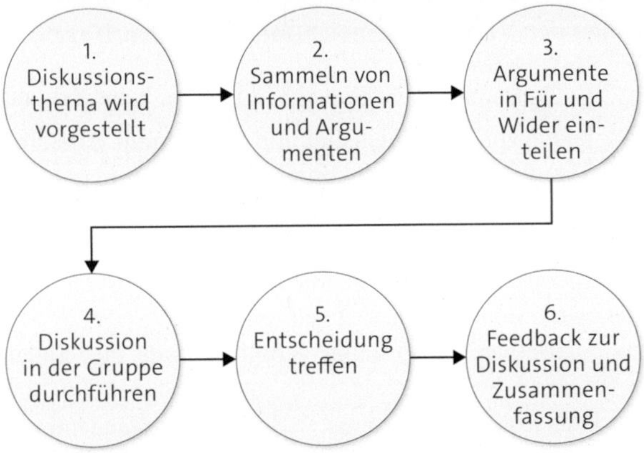

Als hilfreich haben sich außerdem Redemittelkarten (vergleiche „Jugend debattiert“)erwiesen, die mithilfe von Halbsätzen die Argumentation vorstrukturieren. Zum Beispiel:

„Unsere Fragestellung lautet:
„In dem Einstiegscartoon argumentiert Person x mit...“
„Meiner Ansicht nach...“
„Ich stütze mich dabei auf...“
„Deshalb bin ich der Meinung...“

Fotosynthese

Seite 158–163

1 Erklären Sie mithilfe des Modells, weshalb Laubblätter grün, Tomaten rot oder Bananen gelb gefärbt sind!
Fällt Licht auf ein Laubblatt, so kann ein Teil der Strahlung von bestimmten Molekülen des Laubblattes absorbiert werden. Bei der Absorption wird Strahlungsenergie dazu verwendet, Elektronen aus dem Grundzustand in einen angeregten Zustand anzuheben. Der dazu erforderliche Energiebetrag hängt von der Struktur der Moleküle ab, deren Elektronen angeregt werden. Diesem Energiebetrag lassen sich bestimmte Wellenlängen zuordnen, die dann nicht mehr in dem reflektierten Licht enthalten sind. Die Mischung der nicht absorbierten Strahlung führt bei Laubblättern zu einer Grünfärbung. Die Farbpigmente in Tomaten und in Bananen absorbieren andere Wellenlängen als die Blattpigmente in den Laubblättern. Auch sie erscheinen in der Farbe der Mischung der reflektierten Strahlung. Bei Tomaten ist das rot, bei Bananen gelb.

2 Erläutern Sie, worauf man beim Kauf einer Gewächshausbeleuchtung achten sollte!
Eine Gewächshausbeleuchtung soll die Fotosyntheseleistung der Pflanzen im Gewächshaus fördern. Dazu sollten die Lampen eine optimale Lichtmenge liefern, die durch die Lichtsättigungskurve der im Gewächshaus befindlichen Pflanzen vorgegeben ist. Außerdem sollte sie reich an blauer und/oder roter Strahlung sein, da mit Licht dieser Wellenlängenbereiche die Fotosyntheseleistung am besten ist.

3 (Im Blickpunkt Chemie: Chromatografie)
Erläutern Sie, weshalb Carotin unter den angegebenen Bedingungen weiterläuft, also einen größeren Rf-Wert hat als Chlorophyll a oder Chlorophyll b!
Bei der Chromatografie hängt die Laufstrecke eines Stoffes ab von seiner Adsorption an das Trägermaterial und von seiner Löslichkeit im Fließmittel. Als Trägermaterial wird in diesem Beispiel poröses Kieselgel und als Fließmittel ein Gemisch aus Petroleumbenzin, Isopropanol und einem Tropfen Wasser verwendet. Das Gemisch hat deutlich hydrophobe Eigenschaften. Auch Carotin ist vermutlich hydrophob und löst sich besser im Fließmittel als die Chlorophylle. Daher wird es weiter transportiert als andere, weniger hydrophobe Stoffe. Außerdem haftet es kaum an Kieselgel.

4 Beschreiben Sie die Struktur der Thylakoidmembran und erläutern Sie die Funktionsweise der Fotosynthese!

Die Thylakoidmembran ist ein zusammenhängendes in sich gefaltetes Membransystem in den Chloroplasten, das mit der inneren Membran der Chloroplastenhülle in Verbindung steht. Die Thylakoidmembran durchzieht als Stromathylakoid das Stroma der Chloroplasten oder ist geldrollenartig gestapelt. Diese Thylakoidstapel heißen Granum beziehungsweise in der Mehrzahl Grana.
Die Thylakoidmembran ist prinzipiell ähnlich aufgebaut wie andere Membrane auch. Sie unterscheidet sich jedoch von ihnen durch einen höheren Proteinanteil und den Gehalt an Fotosynthesepigmenten.
Fotosysteme sind funktionelle Einheiten in der Thylakoidmembran. Es sind Proteinkomplexe, die die Fotosynthesepigmente Xanthophyll, Carotin und Chlorophyll a und Chlorophyll b enthalten. In einem Fotosystem sind zwei spezielle Chlorophyllmoleküle von 100 oder mehr Fotosynthesepigmenten umgeben. Diese dienen als Antennenpigmente. Die Elektronen der Antennenpigmente werden durch Licht angeregt und leiten die Energie den zentralen Chlorophyllmolekülen zu. Diese können angeregte Elektronen auf Nichtpigmentmoleküle übertragen und somit Elektronentransportketten initiieren.

Seite 164–165 (Material)

Material A – Energieumsatz im Alltag

A1 Beschreiben Sie das beobachtete Ergebnis!
Wird eine Rohchlorophylllösung mit blauem Licht belichtet, strahlt die Lösung hellrot.
A2 Deuten Sie die Beobachtungen mithilfe des Modells zur Absorption von Licht!
Bestrahlt man eine Rohchlorophylllösung mit blauem Licht, so werden Elektronen von Chlorophyllmolekülen angeregt. Sie absorbieren die Strahlungsenergie, indem Elektronen vom Grundzustand in den zweiten angeregten Zustand „springen". Aus diesem zweiten angeregten Zustand fallen sie wieder zurück in den ersten angeregten Zustand oder in den Grundzustand und geben dabei die aufgenommene Energie in Form von Wärme ab. Allerdings können Elektronen, die vom ersten angeregten Zustand auf den Grundzustand zurückfallen, die Energie auch in Form von Licht abstrahlen. Da der energetische Abstand zwischen Grundzustand und erstem angeregtem Zustand genau der Wellenlänge entspricht, die im Spektrum Rot repräsentiert, wird rotes Licht abgestrahlt. Die mit der Aufnahme energiereicherer Strahlung (blaues Licht) verbundene Abstrahlung energieärmerer Strahlung (rotes Licht) nennt man Fluoreszenz.

A3 Stellen Sie Vermutungen darüber an, was bei Bestrahlung mit grünem Licht geschieht!
Grünes Licht repräsentiert Wellenlängen, die zwischen den Wellenlängen von blauem und rotem Licht liegen. Chlorophyll kann jedoch nur blaues oder rotes Licht absorbieren und damit die Energie genau dieser Strahlung aufnehmen. Da Chlorophyll also grünes Licht nicht absorbieren kann, kann auch keine Fluoreszenz auftreten. Daher wird die Rohchlorophylllösung bei Bestrahlung mit grünem Licht unverändert erscheinen.

Material B – Fotosyntheserate unter Starklicht und Schwachlicht

B1 Beschreiben Sie die Versuchsergebnisse! Vergleichen Sie dabei die grafisch dargestellten Werte!
In beiden Kurven ist die Temperaturabhängigkeit der Fotosyntheserate dargestellt. Der Verlauf des Starklicht Graphen entspricht dem Verlauf einer enzymatisch katalysierten Reaktion mit einem zunächst allmählichen, dann stärker werdenden Anstieg bis zu einem Optimum bei etwa 35 Grad Celsius. Danach fällt die Kurve steil ab, bis bei ca. 40 Grad Celsius kaum noch eine Nettofotosynthese stattfindet. Die Fotosyntheserate bei Schwachlicht ist demgegenüber nahezu temperaturunabhängig. Die Kurve verläuft auf niedrigem Niveau schwach ansteigend, aber annähernd parallel zur x-Achse mit einem Optimum um 27 Grad Celsius und fällt dann wieder ab. Auffällig ist der bis zum Optimum der Starklichtkurve zunehmende Unterschied in der Fotosyntheseleistung.

B2 Beschreiben Sie die modellhafte Abbildung, indem Sie erklären, welche Konsequenzen verschiedene Positionen der Verschlusseinrichtungen auf den Durchlass der Stoffe haben!
Das Modell zeigt ein Rohr, das die Fotosynthese in Abhängigkeit von Lichtintensität und Temperatur darstellen soll. Dazu kann das Rohr durch zwei hintereinanderliegende Schieber variabel verschlossen werden. Der erste Schieber steht für die bei der Fotosynthese eingestrahlte Lichtmenge, der zweite für die Temperatur. In das Rohr fließen die Edukte Kohlenstoffdioxid und Wasser ein. Das Rohr verlassen die Produkte Kohlenhydrate und Sauerstoff.
Wird das Rohr durch den ersten Schieber weitgehend verschlossen, können nur wenige Edukte hindurchfließen und es wird nur wenig produziert, unabhängig davon, ob der zweite Schieber gering oder weit geöffnet ist. Diese Position erläutert die Schwachlichtkurve bei verschiedenen Temperaturen.
Ist hingegen der erste Schieber weit geöffnet, wird die Produktion von Sauerstoff und Kohlenhydraten durch den Öffnungszustand des zweiten Schiebers gesteuert: Ist er weit offen, entstehen viele Produkte. Ist er nur teilweise geöffnet, entstehen Produkte entsprechend seinem Öffnungsgrad. Die weite Öffnung des ersten Schiebers entspricht der Starklichtkurve. Hier findet bei optimalen Temperaturbedingungen (weit geöffneter zweiter Schieber) optimale Fotosynthese statt. Ein geringerer Durchlass

beim zweiten Schieber (weniger gute Temperaturverhältnisse) führt zu einer entsprechend geringeren Fotosyntheserate.

B3 Erläutern Sie die Einflüsse von Licht und Temperatur auf die Fotosyntheserate und vergleichen Sie diese mit den Aussagen des Modells!
Die Produktion von NADPH + H^+ und ATP in der Primärreaktion der Fotosynthese hängt von der Menge des eingestrahlten fotosynthetisch wirksamen Lichtes ab. Die entstandenen Stoffe werden als Edukte für die nachfolgende Sekundärreaktion benötigt, bei der Kohlenstoffdioxid reduziert wird. Die lichtunabhängigen Reaktionen sind enzymatisch katalysiert und somit in der Form temperaturabhängig, wie die Starklichtkurve zeigt. Ist viel NADPH + H^+ und ATP vorhanden, können bei guten Temperaturbedingungen viele Kohlenhydrate produziert werden. Die Kohlenhydratsynthese nimmt jedoch bei ungünstigen Temperaturen ab, unabhängig davon, wie viel NADPH + H^+ und ATP zur Verfügung stehen. Auch die Sauerstoffbildung in der lichtabhängigen Reaktion kommt schließlich zum Erliegen, wenn in der lichtunabhängigen Reaktion NADPH + H^+ nicht mehr in $NADP^+$ zurückverwandelt wird. Dann steht kein Elektronenakzeptor mehr für die lichtabhängige Reaktion zur Verfügung.
Einschränkend ist festzustellen, dass es auch in der lichtabhängigen Reaktion temperaturabhängige enzymatisch katalysierte Reaktionen gibt, zum Beispiel die ATP-Synthese. Das ATP für die lichtunabhängige Reaktion kann aber auch aus anderen Stoffwechselprozessen bezogen werden. Daher kann das Modell die Licht- und Temperaturabhängigkeit im Überblick plausibel machen. Einzelheiten lassen sich damit jedoch nicht abbilden.

Material C – Fotosyntheseleistung in Abhängigkeit von Kohlenstoffdioxid und Lichtintensität

C1 Beschreiben Sie die Versuchsergebnisse und skizzieren Sie eine mögliche Versuchsdurchführung!
Bis zu einem Kohlenstoffdioxidgehalt der Luft von etwa 0,02% ist weder bei Stark- noch bei Schwachlicht eine positive Fotosyntheseleistung zu messen. Bei höheren Kohlenstoffdioxidgehalten steigt die Leistung zunächst bei beiden Lichtverhältnissen proportional und mit derselben Steigung an. Dann wird der Anstieg schwächer und schließlich bleibt die Fotosyntheseleistung trotz weiter erhöhter Kohlenstoffdioxidkonzentration konstant. Bei Schwachlicht ist das Maximum der Fotosyntheserate bei etwa 0,07% Kohlenstoffdioxidgehalt der Luft erreicht, bei Starklicht liegt es deutlich höher und wird bei etwa 0,12% Kohlenstoffdioxidgehalt erreicht.
Mögliche Durchführung: Eine Versuchspflanze wird in eine abgeschlossene Kammer gestellt und mit allem versorgt, was sie zum Leben benötigt, zum Beispiel Wasser und Mineralstoffe. Beides wird über die Versuchsdauer konstant gehalten. Dann wird die Pflanze mit einer bestimmten Lichtintensität beleuchtet. Nun wird in der Kammer ein niedriger Wert der Kohlenstoffdioxidkonzentration eingerichtet und über eine kurze Zeit die Änderung des Sauerstoffgehaltes in der Kammer gemessen. Die Produktion von Sauerstoff pro Zeiteinheit gibt die Fotosyntheseleistung der Pflanze an. Nach und nach wird der Kohlenstoffdioxidgehalt in der Kammer erhöht und jeweils die Fotosyntheseleistung bestimmt. Dann werden dieselben Arbeitsschritte bei der höheren Lichtintensität durchgeführt.
Zusatzinformation: In einem wissenschaftlichen Experiment müssten zusätzlich Atmungs- und Licht-atmungseffekte beachtet werden. Zumindest die Lichtatmung wird den Schülern nicht bekannt sein.

C2 Begründen Sie, weshalb man in einem Gewächshaus den Kohlenstoffdioxidgehalt der Luft erhöht!
Wenn man die Daten aus dem Experiment zugrunde legt, führt der Kohlenstoffdioxidgehalt von 0,08% bei Schwachlicht und bei Starklicht zu einer deutlichen Leistungssteigerung gegenüber dem normalen Kohlenstoffdioxidgehalt der Luft. Wahrscheinlich sind die Beleuchtungsverhältnisse und die Pflanzen in den mit Kohlenstoffdioxid begasten Gewächshäusern ebenfalls geeignet, unter diesen Bedingungen eine wirtschaftlich begründbare Mehrproduktion zu erbringen. In anderen Gewächshäusern ergreift man die Maßnahme nicht. Dort scheint es sich nicht zu lohnen.

C3 Begründen Sie die Versuchsergebnisse! Nutzen Sie die Abbildungen auf Seite 162 und 163!
In der Anstiegsphase der Fotosyntheseleistung liefert die Lichtreaktion sowohl bei Schwachlicht als auch bei Starklicht mehr NADPH und ATP als für den Einbau von Kohlenstoffdioxid benötigt wird, weil nicht so viel Kohlenstoffdioxid vorhanden ist, wie verarbeitet werden könnte. In der Stagnationsphase der Fotosyntheseleistung liefert die Lichtreaktion die ihr maximal mögliche Menge an NADPH und ATP, sodass eine Steigerung des Kohlenstoffdioxidangebots keine Steigerung des Kohlenstoffdioxideinbaus zur Folge hat. Bei Starklicht wird mehr NADPH und ATP gebildet als bei Schwachlicht. Deshalb ist die maximale Fotosyntheseleistung bei Starklicht höher als bei Schwachlicht.

C4 Entwickeln Sie eine Hypothese zur unveränderten pflanzlichen Biomasseproduktion!
Die Messdaten stammen von einer bestimmten Pflanze. Es kann also sein, dass nicht alle Pflanzen gleich reagieren. Dann müssten zur Begründung, dass in der Biosphäre keine Steigerung der Produktion messbar ist, viele Pflanzen anders reagieren als die Laborpflanze. Einige Pflanzen

könnten zum Beispiel die Zunahme der Produktivität anderer Pflanzen ausgleichen, weil sie auf die Erhöhung des Kohlenstoffdioxidgehalts der Luft mit einer Senkung ihrer Produktivität reagieren.
Falls Material B vorher bearbeitet wurde, ist die folgende Lösung zu erwarten: Der Versuch zeigt, dass die verschiedenen Prozesse der Fotosynthese nicht schneller ablaufen können, wenn ein Prozess den Gesamtvorgang limitiert. Da Pflanzen nicht allein Kohlenstoffdioxid und Licht zum Wachsen benötigen, können weitere Faktoren in der Natur die Produktion begrenzen, zum Beispiel die vorhandenen Mineralstoffe, was ebenfalls erklären kann, dass keine erhöhte Produktion stattfindet. *Zusatzinformation: Es gibt Pflanzen, die bei erhöhter Kohlenstoffdioxidkonzentration eine geringere Fotosyntheseleistung haben. In Fachbüchern der Ökologie wird die Tatsache, dass keine weltweit erhöhte Biomasseproduktion eintritt, mit der These erklärt, dass weitere Faktoren limitierend wirken.*

Material D – Fotosynthese bei Schwefelpurpurbakterien

D1 Vergleichen Sie die lichtabhängige Reaktion bei Schwefelpurpurbakterien und bei Pflanzen!
Die lichtabhängigen Reaktionen bei grünen Pflanzen und bei Schwefelpurpurbakterien sind bezüglich der Protonendiffusion und der ATP-Synthese gleich. Auch die grundsätzliche Art und Weise des Elektronenflusses stimmt überein. In den Einzelheiten gibt es aber eine ganze Reihe von Unterschieden. Bei den Schwefelpurpurbakterien gibt es nur ein Fotosystem, das Licht der Wellenlänge $\lambda = 870$ Nanometer absorbiert (also im Infrarotbereich). Dementsprechend gibt es auch nur eine Elektronentransportkette. Elektronendonator ist Schwefelwasserstoff und Elektronenakzeptor ist NAD^+. Somit entstehen Schwefel und $NADH + H^+$ als Produkte der lichtabhängigen Reaktion. Insgesamt ist die aufzubringende Energie deutlich geringer als bei der Fotosynthese grüner Pflanzen.

D2 Formulieren Sie die Gesamtgleichung der Fotosynthese bei Schwefelpurpurbakterien!
$12\ H_2S + 6\ CO_2 \rightarrow C_6H_{12}O_6 + 12\ S + 6\ H_2O$
Zusatzinformation: Bei der Reaktionsgleichung ist vernachlässigt, dass elementarer Schwefel eigentlich in Form von S_8-Molekülen vorliegt.

D3 Begründen Sie, weshalb die Fotosynthese bei Schwefelpurpurbakterien die Erkenntnis unterstützt, dass bei Pflanzen der Sauerstoff aus dem Wasser entsteht!
Bei Schwefelpurpurbakterien ist Schwefelwasserstoff der Elektronendonator und als Produkt entsteht Schwefel. Bei grünen Pflanzen entsteht stattdessen aus Wasser Sauerstoff. Schwefelwasserstoff und Wasser beziehungsweise Schwefel und Sauerstoff sind also äquivalent. Daher ist die prinzipielle funktionale Gleichheit der beiden Fotosynthesetypen naheliegend, das heißt, dass der Sauerstoff bei der pflanzlichen Fotosynthese aus dem Wasser stammt.

Material E – Tracerexperimente zur Aufklärung des Calvin-Zyklus E1 Beschreiben Sie den Versuchsablauf und erläutern Sie, auf welche Weise verschiedene Reaktionszeiten für den Einbau des Kohlenstoffdioxids erreicht werden!
In ein Gefäß mit einer Algensuspension wird kohlenstoffdioxidhaltige Luft eingeblasen. Das Gefäß besitzt eine Öffnung im Boden, an die ein unten verschließbarer durchsichtiger Schlauch angeschlossen ist, über den die Algensuspension in siedenden Alkohol entleert werden kann. In den Schlauch kann mit einer Injektionsspritze eine Lösung injiziert werden, die Natriumhydrogencarbonatlösung mit ^{14}C-Isotope enthält. Die Suspension wird – vor allem im Bereich des Schlauches – belichtet.
Unterschiedliche Versuchszeiten können bei kurzer Versuchsdauer realisiert werden durch die Veränderung der Durchflussgeschwindigkeit und die Position der Einstichstelle der Spritze. Bei längerer Versuchsdauer ist der Zeitpunkt des Öffnens des Hahnes ausschlaggebend.

E2 Beschreiben Sie die Ergebnisse, die man aus Abbildung B gewinnen kann, und erläutern Sie das experimentelle Verfahren!
Die beiden Abbildungen zeigen Autoradiogramme von Fotosyntheseprodukten, die nach 0,5 beziehungsweise 2 Sekunden Fotosynthesezeit erhalten wurden. Dazu wurde, wie in Abbildung 1 dargestellt, radioaktiv markierte Hydrogencarbonatlösung in die Algensuspension injiziert und die Algen nach 0,5 beziehungsweise 2 Sekunden im siedenden Alkohol abgetötet. Dann wurden die Inhaltsstoffe extrahiert und mit dem Extrakt eine zweidimensionale Chromatografie durchgeführt. Dazu wurde der Extrakt auf dem Startpunkt punktförmig aufgetragen und zunächst in einem Phenol-Wasser-Gemisch chromatografiert. Dann wurde das Chromatogramm getrocknet und um 90 Grad gedreht in einem Gemisch aus Butanol, Propansäure und Wasser ein zweites Mal chromatografiert. Mit dieser zweidimensionalen Chromatografie wird eine bessere Trennung von Stoffen erreicht, die sich gegenüber einem Laufmittel ähnlich verhalten.
Dann wurde das getrocknete Chromatogramm im Dunkeln auf eine Röntgenplatte gelegt. Schwärzungen markieren die Stoffe auf dem Chromatogramm, in die bei der Fotosynthese der radioaktiv markierte Kohlenstoff aus dem Hydrogencarbonat eingebaut wurde.
Nach 0,5 Sekunden findet sich die meiste Radioaktivität in 3-PGS, dem ersten Produkt der CO_2-Fixierung. Neben Zuckerphosphaten, unter ihnen 3-PGA, liegt auch Äpfelsäure vor.

Nach 2 Sekunden gibt es neben den Produkten, die nach 0,5 Sekunden bereits vorhanden waren, zusätzlich mit Alanin, Serin und Asparaginsäure drei verschiedene Aminosäuren.

E3 Erläutern Sie anhand des durchgeführten Versuchs den Begriff „Tracerexperiment", indem Sie von der Wortbedeutung (engl. trace = Spur) ausgehen!
Da ^{14}C-Atome chemisch genauso reagieren, wie das nicht radioaktive ^{12}C-Isotop, ist es möglich, den Weg des Kohlenstoffes in der Fotosynthese indirekt zu verfolgen. Das ^{14}C legt sozusagen eine Spur, die man zum Beispiel mit der Methode der Autoradiografie nachweisen kann.

E4 Werten Sie die Autoradiogramme aus und leiten Sie anhand der Schwärzungen die Reihenfolge der Bildung von Stoffen im Calvin-Zyklus begründet ab!
Durch einen Vergleich von Autoradiogrammen nach unterschiedlich langer Fotosynthesedauer kann man die Reihenfolge der Entstehung der Fotosyntheseprodukte ermitteln. Damit werden Aussagen über den Ablauf der Fotosynthese möglich. Aufgrund der intensiven Schwärzung kann man erkennen, dass 3-PGS das erste Produkt der lichtunabhängigen Reaktion ist. Es kommt in beiden Autoradiogrammen vor. Auch Zuckerphosphate, unter ihnen 3-PGA, kommen in beiden Autoradiogrammen vor, sodass man davon ausgehen muss, dass diese sehr frühzeitig gebildet werden. Darüber hinaus sind Äpfelsäure und PEP entstanden. Sie sind in beiden Autoradiogrammen sichtbar, im zweiten in deutlich höheren Konzentrationen. Nach 2 Sekunden finden sich die drei Aminosäuren Alanin, Serin und Asparaginsäure, die nach 0,5 Sekunden noch nicht vorhanden waren.
Aus diesem Vergleich kann man den Schluss ziehen, dass als erstes Fixierungsprodukt 3-PGS entsteht und danach 3-PGA und andere Zuckerphosphate sowie PEP und Äpfelsäure gebildet werden. Kurze Zeit später, und das bereits nach 2 Sekunden, werden Aminosäuren gebildet. Dies zeigt, dass in der Fotosynthese nicht nur Glukose, sondern sofort auch eine ganze Reihe anderer Stoffwechselprodukte hergestellt werden.
Zusatzinformation: PEP ist die energiereiche Form von Pyruvat, das durch reduktive Transaminierung in Alanin umgewandelt werden kann. Asparaginsäure entsteht durch Transaminierung von Äpfelsäure.

Fotosynthese im Zellstoffwechsel

Seite 166–168

1 Erläutern Sie die verschiedenen Reaktionswege des primären Fotosyntheseprodukts 3-PGA!
3-Phosphoglycerinaldehyd entsteht in der lichtunabhängigen Reaktion der Fotosynthese bei der Reaktion von 3-Phosphoglycerinsäure mit ATP und anschließender Reduktion mithilfe von NADPH + H^+. Es ist Ausgangspunkt für eine ganze Reihe von Reaktionen in der Zelle:
Aus zwei 3-PGA-Molekülen wird Glukose aufgebaut. Glukose ist Baustein von Stärke, die als Reservestoff eingelagert wird, und von Cellulose, dem Baustoff der Zellwände.
Aus zehn 3-PGA-Molekülen werden sechs Ribulose-1,5-bisphosphat-Moleküle regeneriert, die als CO_2-Akzeptor in der lichtunabhängigen Reaktion dienen. Diese Reaktion ist Bestandteil des Calvin-Zyklus.
3-PGA kann aber auch über die Glykolyse in den aufbauenden und den abbauenden Stoffwechsel einfließen. Beide Stoffwechselwege sind nicht eindeutig voneinander zu trennen, weil 3-PGA einerseits über Glykolyse, Zitratzyklus und Atmungskette völlig abgebaut werden kann. Andererseits können aber Moleküle aus der Glykolyse und dem Zitratzyklus, wie beispielsweise PEP, Pyruvat oder Acetyl-CoA Ausgangspunkt für die Synthese von Fettsäuren oder sekundären Pflanzenstoffen sein.
Insofern ist 3-PGA ein zentrales Molekül im Zellstoffwechsel.

2 Vergleichen Sie die Fotosynthese von C_3-, C_4- und CAM-Pflanzen!
C_3-Pflanzen fixieren das Kohlenstoffdioxid in der Zelle in einer Reaktion des Calvinzyklus. Das Enzym RuBisCo (Ribulose-1,5-bisphosphat-carboxylase/-oxygenase) katalysiert die Bildung von 3-Phosphoglycerinsäure. C_4- und CAM-Pflanzen fixieren das Kohlenstoffdioxid in anderen Reaktionen, bei denen Oxalacetat und danach Malat gebildet wird. Später erst findet dann der Calvin-Zyklus statt. Auch sie benutzen das Enzym RuBisCo. Bei C_4-Pflanzen arbeitet das zugehörige Enzym auch bei sehr niedrigen Kohlenstoffdioxidkonzentrationen. Das Malat wird bei C_4- und CAM-Pflanzen anschließend unterschiedlich verwendet. Bei C_4-Pflanzen wird es über Plasmodesmen in Zellen der Bündelscheide transportiert, wo eine Reaktion stattfindet, in der Kohlenstoffdioxid frei wird, sodass es von RuBisCo verarbeitet werden kann. Das liegt unter anderem daran, dass das Kohlenstoffdioxid in den Bündelscheidezellen angereichert wird, was für das Enzym wichtig ist. Der anschließende Calvin-Zyklus findet lediglich in den Bündelscheidezellen statt. Bei CAM-Pflanzen wird

das Malat in den Vakuolen gespeichert. Es wird nachts gebildet, weil diese Pflanzen dann ihre Spaltöffnungen geöffnet haben, sodass das Kohlenstoffdioxid in die Zellen gelangen kann. Dabei werden auch Protonen in die Vakuolen transportiert, sodass der Vakuolensaft sauer wird. Am Tag sind die Spaltöffnungen geschlossen und es kann mithilfe des Lichts Fotosynthese stattfinden. Hierzu wird das Malat gemeinsam mit Protonen wieder in das Zellplasma transportiert, wo es dann wieder so reagiert, dass Kohlenstoffdioxid frei wird. Dieses kann dann genau wie bei den C_3- und C_4-Pflanzen im Calvin-Zyklus verarbeitet werden.

Seite 169 (Material)

Material A – Nachweis von Stärke als Assimilationsprodukt

A1 Beschreiben Sie die Durchführung des Stärkenachweises!
Von dem Blatt wird nach Beendigung der Belichtung der Papprahmen entfernt. Man bereitet ein Becherglas mit Ethanol vor, das in ein siedendes Wasserbad gestellt wird. Das Blatt wird so lange in das heiße Ethanol gehalten, bis die Farbstoffe ausgewaschen sind. Danach wird es kurz in das siedende Wasser gehalten. Nun wird es in eine genügend große Petrischale gelegt und mit Lugolscher Lösung übergossen. Die Petrischale wird so lange geschwenkt, bis die Farbreaktion in allen Abstufungen deutlich zu sehen ist. Das Blatt wird vor einem leichtenden Hintergrund betrachtet. *Zusatzinformation: Für die Ausdifferenzierung der Intensität der Blaufärbung benötigt man relativ viel Lugolsche Lösung und auch ein wenig Geduld. Die Blaufärbung ist in den meisten Fällen im Blatt eher eine schwarzblaue Färbung.*

A2 Beschreiben und vergleichen Sie die dargestellten Ergebnisse!
Der Stärkenachweis zeigt in Abhängigkeit von der bei der Belichtung aufgelegten Folie unterschiedlich intensive Blaufärbungen. Überall dort, wo keine Folie und auch kein Papprahmen gelegen hat, ist eine tiefblaue Färbung zu erkennen. Überall dort, wo der Papprahmen lag, ist keine Blaufärbung zu sehen. Dort wo die blaue Folie lag, ist die stärkste Blaufärbung, dann in absteigender Reihenfolge bei roter und gelber Folie schwächere Blaufärbungen zu sehen. Die grüne Folie hat keine Blaufärbung zur Folge.
Die Absorption von Chlorophyll a ist im violetten Bereich des Farbspektrums am höchsten, dann folgen der rote Bereich, danach der gelbe und schließlich der grüne und blaue Bereich. Hier ist die Absorption gegenüber dem violetten und roten Bereich sehr stark vermindert.
Das durch den Stärkenachweis ermittelte Wirkungsspektrum der Fotosynthese deckt sich bis auf den blauen und violetten Bereich mit dem Absorptionsspektrum von Chlorophyll a. Der violette Bereich ist beim Wirkungsspektrum nicht untersucht worden. Im Blaubereich ist die Absorption von Chlorophyll a gering, die Fotosyntheseleistung aber besonders hoch.

A3 Begründen Sie die Ergebnisse des Stärkenachweises!
Das mit dem Stärkenachweis erstellte Wirkungsspektrum zeigt, bei welchen Farben des sichtbaren Lichts die Fotosynthese mehr oder weniger gut bis zur Bildung des Assimilationsprodukts Stärke abläuft. Dass die Fotosynthese nicht bei allen Lichtfarben dieselbe Fotosyntheseleistung erbracht hat, liegt daran, dass die Fotosynthesepigmente bei unterschiedlicher Lichtfarbe unterschiedlich viele Photonen einfangen. Diese eingefangenen Photonen sind schließlich für die Bildung von ATP und damit für die Fixierung von Kohlenstoffdioxid und die Bildung von Stärke nötig. Im blauen Licht wurden also bei dem untersuchten Blatt besonders viele Photonen verarbeitet, im roten Licht auch noch viele, bei gelbem und grünem Licht die wenigsten.
Im grünen, gelben und roten Licht stimmt das Absorptionsspektrum vom Chlorophyll a ganz gut mit dem gemessenen Wirkungsspektrum überein. Im violetten und blauen Bereich ist dies nicht der Fall. Der violette Bereich kann nicht verglichen werden, weil hier keine Messungen zum Wirkungsspektrum vorliegen. Dass im blauen Bereich eine hohe Fotosyntheseleistung gemessen werden kann, obwohl das Chlorophyll a hier sehr wenig Licht absorbiert, liegt daran, dass es weitere Farbstoffe gibt, die in diesem Bereich Photonen verarbeiten und als akzessorische Pigmente, dienen. Sie übertragen die Energie an das Reaktionszentrum eines Fotosystems. Zu diesen Farbstoffen gehören bei höheren Pflanzen Chlorophyll b und Carotin.
Zusatzinformation: Die Grundlagen für die erläuterten Zusammenhänge stehen auf die Seiten 159 und 161 des Schülerbuchs. Sie können als gestufte Hilfe gegeben werden, zuerst durch Hinweis auf Abbildung 04 auf der Seite 159, dann auf Abbildung 09 und den nebenstehenden Text auf Seite 161.

Material B – Nachweis der sekundären Assimilationsprodukte Glukose und anderer Zucker

B1 Recherchieren Sie, wie die jeweiligen Nachweise durchgeführt werden und wie spezifisch sie sind!
Die Glukoseteststreifen werden kurz in eine Flüssigkeit getaucht oder auch auf die Schnittfläche einer angeschnittenen Frucht, zum Beispiel einer Weinbeere. Die Verfärbung tritt bei Vorhandensein von Glukose relativ schnell ein. Auch gefärbte Lösungen wie Fruchtsäfte können untersucht werden. Der Test ist sehr spezifisch, weil er mit Glukoseoxidase arbeitet, einem Enzym, das lediglich Glukose umsetzt. Andere Zucker werden nicht umgesetzt. Die

Glukoseoxidase kann allerdings durch Ascorbinsäure in höherer Konzentration gehemmt werden. Da in Traubenzuckertafeln aus Dextrose nur wenig Glukose enthalten ist, färbt sich der Teststreifen kaum, wenn man diese Tafeln in Wasser löst. Die Dextrose ist aus Stärke hydrolysiert worden. Sie enthält verschiedene kurzkettige Kohlenhydrate.
Für die Fehlingsche Probe werden zwei Reagenzien gemischt, die einzeln als haltbare Lösungen vorrätig gehalten werden können. Eine Lösung von Kupfer(II)-sulfat (Xn) in Wasser und eine Lösung von Natriumkaliumtartrat (Xi) und Natriumhydroxid (C) in Wasser werden zu gleichen Teilen gemischt und dann mit einer wässrigen Lösung versetzt, in der man reduzierende Zucker vermutet. Die nun erhaltene Lösung wird im Wasserbad erhitzt. Wegen der Spritzgefahr ist unbedingt eine Schutzbrille zu tragen. Die Lösung verfärbt sich von blau über grün und braun nach hellrot, und es bildet sich ein ziegelroter Niederschlag von Kupfer(I)-oxid.
Das Benedictsche Reagenz ist eine wässrige Lösung von drei Stoffe. Sie enthält Natriumzitrat, Natriumcarbonat (Xi) und Kupfer(II)-sulfat (Xn). Sie wird zwar aus zwei Lösungen angesetzt, ist aber nach dem Zusammengeben als fertige Lösung haltbar. Die Lösung wird genauso gehandhabt wie die Fehlingsche Lösung. Es bildet sich ebenfalls ein ziegelroter Niederschlag aus Kupfer(I)-oxid.
Mit der Fehlingschen Probe und der Benedictschen Probe weist man also in Früchten reduzierende Zucker, also Fruktose und Glukose nach. Saccharose lässt sich nicht nachweisen. Nach einer Behandlung von Fruchtsaft mit verdünnter Salzsäure wird vorhandene Saccharose in Fruktose und Glukose gespalten. Diese kann man nachweisen und damit indirekt das Vorhandensein der Saccharose.
Die Fehlingsche Probe wurde von FEHLING als erste Methode vorgestellt, mit der man den Zucker im Harn, die Glukose, quantitativ bestimmen konnte. Sowohl mit der Fehlingschen Lösung als auch mit dem Benedictschen Reagenz weist man Reduktionsmittel, zum Beispiel reduzierende Zucker, nach. In Stoffgemischen sind beide Nachweise daher nicht derart spezifisch wie die Teststäbchenmethode. Sie geben also kontextabhängig an, ob reduzierende Zucker, wie zum Beispiel Fruktose und Glukose in Früchten, oder gar, wie beim Urin, spezifisch Glukose vorhanden ist.
Zusatzinformation: Die Glukoseteststreifen verleiten zu einer quantitativen Angabe des Glukosegehalts. Diese ist aber Ungeübten nicht sicher möglich. Es reicht aus, den Gehalt halbquantitativ anzugeben als relativ hoch, mittel und niedrig.
Die Benedictsche Lösung ist als Ersatz für die stark alkalische Fehlingschen Lösung gedacht. Dennoch muss auch hier mit Schutzbrille gearbeitet werden.
Für die Schüler ausreichende Recherche-Informationen erhält man auf „Prof. Blumes Bildungsserver für Chemie", den man problemlos per Internetsuche findet.
Im sächsischen Lehrplan ist für diese Jahrgangsstufe ausgewiesen, dass die Schülerinnen und Schüler eigenständiger arbeiten sollen als in den vorhergehenden Jahrgangsstufen. Dort haben sie schon Nachweisverfahren kennen gelernt. Daher ist es nicht nur zumutbar, sondern auch gewollt, dass sie hier recherchieren und nicht nachlesen können, wie die Verfahren ablaufen und auch funktionieren. Die eigenen Unterlagen aus vorhergehendem Unterricht können der Recherche dienen.

B2 Planen Sie eine Versuchsreihe zur Bestimmung des Zuckergehalts in verschiedenen Reifestadien von Früchten! Führen Sie die Versuche, soweit es möglich ist, durch!
Zusatzinformation: Aus eigener Erfahrung sollten die meisten Schülerinnen und Schüler wissen, dass reife Früchte süßer schmecken als unreife. Daher ist zu erwarten, dass ihr Untersuchungsplan hiervon ausgeht.
Die Hypothese, von der die Schülerinnen und Schüler ausgehen, ist, dass in Früchten der Zuckergehalt beim Reifungsprozess ansteigt. Bei der Weinbeere kann man nach den Informationen im Aufgabentext davon ausgehen, dass ein Glukosetest erfolgreich ist. Bei anderen Früchten sollten reduzierende Zucker nachgewiesen werden. Kontrollversuche auf die jeweils andere Möglichkeit sind vorzusehen. Da in fast allen Früchten Saccharose enthalten ist, ist es sinnvoll, zunächst auf reduzierende Zucker zu testen, dann den Saccharosetest zu machen und eine grobe quantitative Abschätzung zu machen, ob jetzt mehr Niederschlag bei der Fehlingprobe oder eine schnellere Verfärbung beim Teststäbchen zu verzeichnen ist. Bei Äpfeln mit Schale ist der Saccharosegehalt etwa 20% vom Gesamtzuckergehalt.
Man kann häufig im Jahr Weintrauben einkaufen, die mehr oder weniger reif sind. Sie eignen sich für den genannten Vergleich, wenn man die Beeren nachreifen lässt. Im Herbst sind heimische Früchte wie Äpfel und Birnen geeignet. Meistens findet man unterschiedlich reife Früchte an den Bäumen. Das Protokoll sollte die Hypothese, den Untersuchungsplan, die Ergebnisse und die Auswertung enthalten.

Material C – Der tägliche Säurewechsel bei CAM-Pflanzen

C1 Erstellen Sie ein vollständiges Versuchsprotokoll zum pH-Wert!
Fragestellung: Wie ändert sich der pH-Wert der Zellen beim Dickblattgewächs Geldbaum zwischen Tag und Nacht?

Hypothese: Weil der Geldbaum eine Crassulaceae ist, reichert er im Dunkeln nicht nur Malonat sondern auch Protonen an. Im Hellen ist daher der pH-Wert höher als im Dunkeln. Bei einem zuvor verdunkelten Blatt steigt der pH-Wert im Hellen.

Geräte und Materialien:

- Blätter vom Geldbaum, die am Ende einer Nacht gepflückt wurden
- 2 Plastikdosen
- Kühlschrank
- starke Lampe
- Mörser mit Pistill
- 3 schlanke Bechergläser
- pH-Meter

Durchführung: Die Blätter des Geldbaumes werden bis auf ein paar gleichmäßig auf die beiden Dosen verteilt. In den Dosen verbleiben die Blätter für 24 Stunden. Sowohl die zurückbehaltenen Blätter als auch die Blätter aus den beiden Dosen werden gemörsert. Der Presssaft wird in jeweils ein Becherglas gegeben. Darin wird der pH-Wert gemessen.

Ergebnis: Der Presssaft der Blätter, die zurückbehalten wurden und der Presssaft der im Dunkeln verwahrten Blätter hat einen niedrigeren pH-Wert als der Presssaft der Blätter, die beleuchtet wurden.

Deutung: Im Dunkeln öffnen die Blätter ihre Stomata und das eingetretene Kohlenstoffdioxid reagiert mit Wasser zu Hydrogencarbonat und Protonen. Das Zellplasma wird sauer. Da die Protonen in die Vakuole transportiert werden, wird der Vakuoleninhalt sauer. Der Presssaft enthält Zellplasma gemischt mit Vakuoleninhalt und ist deshalb sauer.

Im Hellen werden die Spaltöffnungen geschlossen und das gespeicherte Malat und die Protonen verlassen die Vakuole. Der Vakuoleninhalt wird weniger sauer. Im Zellplasma wird Kohlenstoffdioxid gebildet, wobei Malat zu Phosphoenolpyruvat reagiert und die Protonen verbraucht werden. Das Zytoplasma behält seinen pH-Wert. Der Presssaft ist dadurch weniger sauer als der Presssaft aus den verdunkelten Blättern.

Zusatzinformation: Als Arbeitshilfe sollten die Schülerinnen und Schüler auf die Abbildung 05 auf der Seite 168 verwiesen werden. Da sich aus dieser Abbildung nicht explizit ergibt, dass bei der Freisetzung von Kohlenstoffdioxid aus Malat auch die Protonen verarbeitet werden, müssen die Schüler dies erschließen. Gegebenenfalls kann hier eine weitere Hilfe durch die Lehrkraft nötig sein. Das Versuchsprotokoll gibt die erwartete Schülerleistung wieder. Wenn der Versuch durchgeführt werden soll, empfehlen sich folgende Abwandlungen. Man gibt die Blätter in Glaspetrischalen, deren Deckel bei Exposition leicht geöffnet sind. Vor Gewinnung der Presssäfte tötet man die Blätter ab. Dazu stellt man die Petrischalen mit den Blättern bei 105 °C für 10 Minuten in einen Wärmeschrank. Danach sind die Blätter durchscheinend. Das Auspressen in jeweils 25 Milliliter Bechergläser erfolgt mit einer Knoblauchpresse. Die erwarteten pH-Werte liegen zwischen 4 und 5. Falls pH-Papier benutzt wird, muss es eine feinere Einteilung als ein pH haben. Man kann in einem Kontrollversuch in ein größeres Gefäß ein kleines Gefäß mit Natriumhydroxid-Lösung stellen, sodass das Kohlenstoffdioxid aus der Luft entfernt wird. Der Presssaft der in dem großen Gefäß aufbewahrten Blätter der CAM-Pflanze sind am Ende der Verdunkelungsphase weniger sauer als die anderen verdunkelten Blätter, sodass deren pH-Wert-Änderung auf die Kohlenstoffdioxidfixierung zurückgeführt werden kann.

C2 Werten Sie die im Diagramm dargestellten Messergebnisse aus!

Während der Belichtungsperiode von 6 Uhr bis 18 Uhr steigt der Stärkegehalt in den Zellen der CAM-Pflanze an. Im Dunkeln sinkt er wieder auf den Anfangswert. Dieser Anstieg und Abfall wiederholen sich in der nächsten Hell- und Dunkelphase. Das Gegenteilige trifft für den Malatgehalt der Zellen zu. Er ist morgens um 6 Uhr am höchsten und abends um 18 Uhr am niedrigsten. Der Stärkegehalt steigt in Folge der Fotosynthese, die bei den CAM-Pflanzen auch bei geschlossenen Spaltöffnungen am Tag abläuft. Offensichtlich wird die Stärke im Blatt gespeichert. In der Nacht wird aus Stärke Phosphoenolpyruvat hergestellt, wie in Abbildung 05 auf Seite 168 zu sehen ist, das dann mit Kohlenstoffdioxid zu Malat reagiert. Malat reichert sich an und Stärke wird abgebaut.

Seite 170–171 (Im Blickpunkt Ökologie: Chemosynthese und Stickstoffkreislauf

1 Erläutern Sie die physiologischen und ökologischen Besonderheiten der chemolithotrophen Bakterien!

Chemolithotrophe Bakterien assimilieren den Kohlenstoff aus Kohlenstoffdioxid und benutzen als Energiequelle Oxidationsreaktionen bei anorganischen Stoffen. Häufig oxidieren Chemolithotrophe Ammonium zu Nitrit und Nitrit zu Nitrat . Sie kommen darüber hinaus auch meistens gemeinsam vor. Die Chemolithotrophen sind wie die Pflanzen autotroph. Die Energie aus der Oxidationsreaktion wird bei ihnen dazu genutzt, zwischen dem Zellplasma und dem Periplasma ihrer Zellen einen Protonengradienten aufzubauen. Dieser treibt einerseits die ATP-Synthese, andererseits die Bildung von $NADPH+H^+$ an. Beide Produkte werden dann dazu verwendet, im Calvinzyklus Kohlenstoffdioxid zu binden und die Bildung körpereigener Stoffe zu ermöglichen. Die zu oxidierenden anorganischen Stoffe werden in der Natur von anaerob lebenden Organismen hergestellt. Die Oxidation dieser Stoffe benötigt Sauerstoff. Daher können die Chemolithotrophen nur in Substraten leben, in denen beides verfügbar ist, Sauerstoff und die zu oxidierenden Stoffe. Dies sind Grenzschichten zwischen aerobem und anaerobem Milieu. Die Notwendigkeit hier zu leben, ist aber auch gleichzeitig die Fähigkeit, dort zu leben, wo andere Organismen nicht existieren können. Chemolithotrophe sind an ihren Wuchsorten konkurrenzlos.

2 Beschreiben Sie mithilfe Abbildung 03 den Stickstoffkreislauf!

In der Abbildung 03 ist zu sehen, welche Stickstoffverbindungen in verschiedenen Bereichen der Biosphäre vorhanden sind und wie und durch wen sie in andere Verbindungen umgesetzt werden. Pflanzen nehmen mineralische Stickstoffverbindungen auf. Dies ist hauptsächlich Nitrat, kann aber auch Ammonium sein. Die Stickstoffassimilation führt in den Pflanzen zur Bildung von Aminosäuren, Proteinen, Nukleotiden und anderen Stoffen, die Stickstoffatome enthalten. Pflanzen werden von Tieren gefressen oder durch Mikroorganismen nach ihrem Tod abgebaut. Die Tiere verdauen die stickstoffhaltigen Verbindungen und resorbieren hauptsächlich Aminosäuren, die sie dann zum Bau körpereigener Proteine und anderer Verbindungen nutzen, also assimilieren. Auch Tiere werden nach dem Tod abgebaut. Bei diesen Abbauvorgängen entsteht als stickstoffhaltiger Mineralstoff Ammonium. Ammonium kann direkt wieder von Pflanzen aufgenommen werden, sodass ein erster Kreislauf geschlossen werden kann. Es kann aber auch durch chemolithotrophe Bakterien zu Nitrat oxidiert werden, das dann wiederum von Pflanzen aufgenommen werden kann, sodass ein zweites Mal ein Kreislauf geschlossen werden kann. Schließlich kann das Nitrat auch im anaeroben Milieu von denitrifizierenden Bakterien aufgenommen werden, die den Stickstoff als elementaren Sickstoff an die Luft abgeben. Der Luftstickstoff kann auf zwei Wegen in Lebewesen gelangen. Zum einen wird er von symbiontischen Bakterien in Pflanzenwurzeln aufgenommen und assimiliert. Hier wird er über die Weitergabe an Tiere oder über Abbauprozesse wieder bis zur Bildung von Ammonium verwendet. Mithilfe der chemolithotrophe Bakterien kann wieder Nitrat hergestellt werden, sodass ein weiteres Mal ein Kreislauf geschlossen werden kann. Zum anderen gibt es freilebende Mikroorganismen, die Luftstickstoff assimilieren. Wenn ihre Körpersubstanz abgebaut wird, entsteht wieder Ammonium, das dann wieder zu Nitrat umgewandelt werden kann, sodass noch einmal ein Kreislauf geschlossen werden kann. Der Stickstoffkreislauf setzt sich also aus verschiedenen möglichen Kreisläufen zusammen. Im Kreislaufbild sind folgende Aspekte nicht eingezeichnet: Die denitrifizierenden Bakterien können neben Luftstickstoff auch Stickstoffoxid und Lachgas herstellen. Fleischfressende Pflanzen können stickstoffhaltige organische Stoffe verdauen und sind nicht allein auf anorganische Stickstoffverbindungen angewiesen. Viele Bäume sind dies ebenfalls nicht, weil sie Aminosäuren aufnehmen können.

Klausurtrainer Zellbiologie

Seite 172–173

Training A – Regulierende Faktoren der Glykolyse

a Beschreiben und erklären Sie, welche Stoffe den Ablauf der Glykolyse wie beeinflussen!

Das Enzym Hexokinase wird durch Glukose-6-phosphat beeinflusst. Glukose-6-phosphat hemmt das Enzym. Die Phosphofruktokinase wird von AMP und ADP aktiviert und durch Zitrat gehemmt. Das Enzym Pyruvatkinase wird durch Fruktose-2,6-bisphosphat aktiviert und durch ATP, Acetyl-CoA und langkettige Fettsäuren gehemmt. Eine hohe Konzentration an AMP und ADP bedeutet, dass der Zelle wenig ATP zur Verfügung steht. Deshalb fördern diese Stoffe die Glykolyse. Wenn viel Glukose-6-Phosphat vorhanden ist, hemmt es das Enzym Hexokinase und verhindert damit, dass mehr Glukose-6-Phosphat gebildet wird als benötigt. Bei der Zellatmung wird das Produkt der Glykolyse, das Pyruvat, dekarboxyliert und im Zitronensäurezyklus weiterverarbeitet. Eine hohe Konzentration an Zitrat ist ein Hinweis darauf, dass mehr Glykolyseprodukte hergestellt wurden, als im Zitronensäurezyklus umgesetzt werden können. Somit hemmt das Zitrat die Bildung weiterer Glykolyseprodukte. Eine hohe Konzentration an Fruktose-1,6-bisphosphat aktiviert die Pyruvatkinase und fördert damit den weiteren Verlauf der Glykolyse und ihren eigenen Abbau. Acetyl-CoA ist das Produkt der oxidativen Decarboxylierung. Es wird in den Zitronensäurezyklus ein-geschleust. Wenn es in hoher Konzentration vorliegt, verhindert es eine weitere Glykolyse und damit, dass es im Überfluss produziert wird. Auch eine hohe Fettsäurekonzentration hemmt die Glykolyse, da der Fettsäureabbau über Acetyl-CoA in den Zitronensäurezyklus mündet. Die Zellatmung benötigt in diesem Fall keine Glykolyseprodukte. Der Abbau der Glukose ist bedeutend für die ATP-Synthese. Liegt eine hohe ATP-Konzentration vor, so wird die Pyruvatkinase gehemmt und damit keine Produkte für die Weiterverarbeitung im Zitronensäurezyklus und in der Atmungskette. Das Endprodukt der Zellatmung verhindert seine eigene Produktion.

b Beschreiben Sie anhand des Diagramms den Einfluss von ATP und ADP auf die Glykolyse!

Die Diagramme zeigen die Reaktionsgeschwindigkeit der Phosphofruktokinase mit dem Substrat Fruktose-6-phosphat, einerseits wenn die ADP-Konzentration hoch und andererseits, wenn die ATP-Konzentration hoch ist. Bei hoher ADP-Konzentration entspricht der Kurvenverlauf einer Sättigungskurve. Das heißt, die Reaktionsgeschwindigkeit steigt mit zunehmender Fruktose-6-Phosphat-Konzentration schnell bis zur Maximalgeschwindigkeit an. Bei hoher ATP-Konzentration ist die Reaktionsgeschwindigkeit des Enzyms zunächst gering. Erst bei einer relativ hohen Fruktose-6-Phosphat-Konzentration steigt die Reaktionsgeschwindigkeit an.

c Erklären Sie den Einfluss von ATP und ADP auf die Glykolyse!

Das Enzym Phosphofruktokinase katalysiert in der Glykolyse die Phosphorylierung des Substrats Fruktose-6-phosphat zu Fruktose-1,6-bisphosphat. Dies ist einer der ersten Schritte im Verlauf der Glykolyse. Bei dieser Reaktion dient, wie aus dem Schema der Glykolyse erkennbar, ATP als Cosubstrat. Die Glykolyse dient der Zelle zur Energiebereitstellung in Form von ATP. Dies gilt sowohl für den aeroben als auch für den anaeroben Glukoseabbau.
Das Diagramm zur Aktivität der Phosphofruktokinase entspricht dem einer kompetitiven Hemmung. Somit wird deutlich, dass ATP das Enzym kompetitiv hemmt. Das Endprodukt des Glukoseabbaus verhindert somit, dass die Glykolyse und die weiteren Prozesse des Glukoseabbaus weiterlaufen, wenn kein ATP benötigt wird. Demgegenüber zeigt das Diagramm, welches den Einfluss von ADP auf die Reaktionsgeschwindigkeit der Phosphofruktokinase darstellt, dass hohe ADP-Konzentrationen die Phosphorylierung begünstigen. Hohe ADP-Konzentrationen liegen immer dann vor, wenn ATP verbraucht worden ist. Somit wird die Glykolyse gefördert, wenn ATP benötigt wird. Im weiteren Verlauf der Glykolyse wird Phosphoenolpyruvat durch das Enzym Pyruvatkinase in Pyruvat umgewandelt. Hierbei handelt es sich um eine zweite Reaktion innerhalb der Glykolyse, an der ATP den weiteren Abbau der Kohlenhydrate hemmt. Da hierzu keine Grafik vorliegt, lässt sich anhand des Materials nicht aussagen, auf welche Weise die Hemmung erfolgt.
Zusatzinformation: Ein hoher Glukosespiegel führt dazu, dass die Glykolyse in den Fettsäurestoffwechsel mündet, wenn kein Bedarf an ATP besteht. Es werden Fettspeicher angelegt.

d Erklären Sie das im Diagramm dargestellte Ergebnis anhand der Modellvorstellung zur allosterischen Hemmung und Aktivierung!

Das Modell verdeutlicht, dass das Enzym Phosphofruktokinase sowohl durch ADP als auch durch ATP nichtkompetitiv beziehungsweise allosterisch beeinflusst wird. ADP fördert die Reaktion mit dem Substrat Fruktose-6-phosphat, indem es an einer zweiten Bindungsstelle des Enzyms bindet, wodurch die Struktur des aktiven Zentrums der Substratstruktur angepasst wird. Somit wirkt ADP allosterisch aktivierend auf das Enzym Phosphofruktokinase. ATP hingegen wirkt als nichtkompetitiver, allosterischer Hemmstoff. Es bindet an eine weiteren Bindungsstelle des Enzyms, wodurch sich die Struktur des aktiven Zentrums so verändert, dass das Substrat nicht mehr andocken kann.

Training B – Leistungsdiagnostik und Trainingserfolge

a Beschreiben Sie die Veränderungen der Laktatkonzentrationen in Blut und Muskel während und nach einem 400-Meter-Lauf!

Die Grafik zeigt die Veränderungen der Laktatkonzentrationen im Muskel und im Blut in einem Zeitintervall von 30 Minuten während und nach einem 400 Meterlauf. Die Konzentration wird in Millimol pro Kilogramm beziehungsweise pro Liter Blut ermittelt. Die Laktatkonzentration in beiden Geweben steigt zunächst während der Belastungsphase stark an: die Laktatkonzentration im Muskelgewebe auf fast 35 Millimol pro Kilogramm Muskelgewebe. Im Blut liegt die die Konzentration am Ende der Belastungsphase bei ungefähr 13 Millimol. Im Muskel fällt die Laktatkonzentration in der nachfolgenden Erholungsphase innerhalb der nächsten 25 Minuten auf 5 Millimol Laktat pro Kg. Im Blut steigt die Laktatkonzentration in der Erholungsphase innerhalb der ersten 5-10 Minuten noch an - auf über 15 Millimol/l -, und fällt dann langsam ab. Nach 30 Minuten liegt die Laktatkonzentration auch im Blut bei 5 Milliliter/l.

b Stellen Sie die im Schema gezeigten Stoffwechselwege der Energiebereitstellung für eine Muskelkontraktion dar!

In dem Schema werden verschiedene Wege zur Energiebereitstellung für die Muskelkontraktion gezeigt. Dabei wird deutlich, dass ATP die direkte Energiequelle für die Muskelkontraktion ist. Durch den Zerfall von Kreatinphosphat, dass in der Muskelfaser in geringem Umfang gespeichert ist, kann ATP auf anaerobem Weg rasch nachgeliefert werden. Allerdings reicht dieser Nachschub nur für kurze Zeit. Durch den Abbau von Glukose kann die Zelle den Nachschub von ATP besonders auch bei steigender Belastung gewährleisten. Glukose wird im Zytoplasma anaerob, das heißt ohne Verbrauch von Sauerstoff, zu Pyruvat abgebaut (Glykolyse), dabei werden 2 ATP gebildet. Pyruvat wird in die Mitochondrien transportiert und dort unter Verbrauch von Sauerstoff in den Stoffwechselschritten des Zitratzyklus und der Atmungskette vollständig zu Wasser und Kohlenstoffdioxid abgebaut (aerobe Dissimilation). Dabei werden 32 ATP gebildet, die für die Kontraktion zur Verfügung stehen. Pyruvat kann auch ohne Verbrauch von Sauerstoff zu Laktat abgebaut werden (Milchsäuregärung). Dabei werden keine weiteren ATP gebildet.

c Deuten Sie die Veränderungen der Laktatkonzentration mithilfe des Schemas!

Der rasche Anstieg der Laktatkonzentration im Muskelgewebe bei der intensiven Belastung ist ein Hinweis auf Milchsäuregärung im Muskel. Besonders in der weißen Muskulatur, die arm an Mitochondrien ist, wird der ATP-Nachschub durch Glykolyse gewährleistet. Das liegt auch daran, dass viele Glykolyseenzyme für einen raschen gleichzeitigen Abbau der Glukose sorgen. Da das gebildete Pyruvat die Kapazität der Mitochondrien zum Abbau übersteigt, wird Pyruvat zu Laktat reduziert und das NAD^+ regeneriert. Das anfallende Laktat reichert sich zunächst in der Muskelfaser an, wird dann aber ins Blut abgegeben. Dadurch sind die versetzten Maxima der Laktatkonzentrationen im Muskel und im Blut zu erklären. Nach der Belastung wird das gebildete Laktat in Skelettmuskeln, im Herzmuskel und in der Leber verwertet. In Skelettmuskeln und im Herzmuskel dient es zur Energiegewinnung, indem das Laktat über Pyruvat in den Mitochondrien aerob abgebaut wird. In der Leber wird Laktat zur Glykogenneogenese genutzt. Dadurch sinkt in der Erholungsphase die Konzentration im Blut und auch im Muskelgewebe stetig, allerdings ist dazu Sauerstoff nötig. Dieser wird durch eine gegenüber dem Ruhewert erhöhte Atemfrequenz bereitgestellt.

d Beschreiben Sie die Ergebnisse des Leistungstests der Sportlerin in den Jahren 2014 und 2015!

Die Kurven zeigen einerseits die Ergebnisse der Laktatmessungen während eines Stufenbelastungstestes bis zur völligen Erschöpfung sowie die Herzfrequenz (Schläge pro Minute) in Abhängigkeit von der Geschwindigkeit. Deutlich ist eine Rechtsverschiebung der Kurven nach dem einjährigen Training. Bereits zu Beginn des Belastungstests sind Unterschiede zu erkennen: 2015 sind die Laktatkonzentration und die Herzfrequenz durchweg trotz höherer Geschwindigkeit niedriger als 2014. 2014 lag zum Beispiel eine Laktatkonzentration von 2 Millimol pro Liter bei einer Geschwindigkeit von 4,5 Metern pro Sekunde vor, 2015 wurde dieser Wert bei einer höheren Geschwindigkeit von 4,75 Metern pro Sekunde erreicht. 2014 hatte die Sportlerin hier bereits ihre Belastungsgrenze bei 3,5 Millimol Laktat pro Liter erreicht. 2015 erreichte sie erst bei einer Geschwindigkeit von 5, 0 m/sec und einem Wert von weniger als 3,5 Millimol Laktatkonzentration ihre Belastungsgrenze. Die Herzfrequenzwerte zeigen ebenfalls eine Verschiebung nach rechts, das heißt, dass die Sportlerin 2015 höhere Geschwindigkeiten durchweg mit einer niedrigeren Herzfrequenz lief. Die Belastung musste sie 2014 bei einer Geschwindigkeit von 4,75 m/sec abbrechen und hatte da eine Herzfrequenz von 170. 2015 lag die Herzfrequenz bei der Erschöpfung ebenfalls bei 170 Schlägen pro Minute, allerdings nun bei einer Geschwindigkeit von 5 m/sec.

e Stellen Sie Vermutungen an, welche Trainingseffekte die Veränderungen der Laktatkonzentration und der Herzfrequenz erklären können!

Die Rechtsverschiebung der Kurven lässt vermuten, dass es zu einer trainingsbedingten besseren Anpassung an hohe Belastung gekommen ist. Zu vermuten ist, dass die geringeren Laktatwerte bei höherer Belastung einerseits auf eine bessere Versorgung mit Sauerstoff durch zum Beispiel mehr Sauerstoffaufnahme in der Lunge, eine Zunahme der sauerstofftransportierenden Erythrozyten und auf einen besseren Abtransport des Laktats durch eine stärkere Durchblutung der Muskulatur zurückzuführen sind. Außerdem kommt es trainingsbedingt möglicherweise sowohl zu einer Vermehrung von roten Muskelfasern als auch der Mitochondrienzahl, sodass mehr Enzyme für aerobe Stoffwechselwege zur Verfügung stehen und der Sauerstoff besser zur ATP-Synthese genutzt werden kann. Die geringere Herzfrequenz bei gleichzeitig höherer Belastung deutet ebenfalls auf eine bessere Anpassung des Organismus auf hohe Belastungen hin. Die niedrigere Schlagfrequenz ist ein Hinweis auf ein höheres Schlagvolumen.

Bildquellenverzeichnis

Cover: Science Photo Library/ROGELIO MORENO;
Cornelsen/Angelika Kramer S. 31, S. 32
Cornelsen/Hannes von Goessel: S. 44;
Cornelsen/newVision!GmbH, Bernhard A. Peter, Pattensen; S. 43, S. 45, S. 46, S. 56, S. 61, S. 62 S. 69;
Cornelsen/Tom Menzel, Angelika Kramer: S. 12;
Science Photo Library/GERD GUENTHER: S. 3,
stock.adobe.com/kungverylucky: S. 4